G. A. MANN

❦ ❦ ❦

COSMOGONIE

ET

FORCE PENSÉE,

OU

Faculté unique de l'Homme

MÉCANISME DE LA TÉLÉPATHIE
EXTÉRIORISATION DE LA VOLONTÉ
APPEL ET CAPTATION :: ::
:: :: DES FORCES COSMIQUES
:: :: THÉORIE NOUVELLE :: ::
DE L'INFLUENCE DE L'HOMME
:: :: SUR L'HOMME :: ::

G. A. MANN, Éditeur

PARIS

15, Rue du Louvre, 15

(MCMXI)

La Force Pensée

G. A. MANN

La Force Pensée

:: LA FACULTÉ UNIQUE ::
MÉCANISME DE LA TÉLÉPATHIE
EXTÉRIORISATION DE LA VOLONTÉ
APPEL ET CAPTATION :: ::
:: :: DES FORCES COSMIQUES
:: THÉORIE NOUVELLE ::
DE L'INFLUENCE DE L'HOMME
:: :: SUR L'HOMME :: ::

G. A. MANN, Éditeur
PARIS
15 rue du Louvre, 15
—
(MCMX)

TABLE DES MATIÈRES

CHAPITRE I

LA FORCE CURATIVE

Magnétisme et hypnotisme. — Les guérisseurs. — Coopération volitive.

Magnétisme et hypnotisme.

Depuis Mesmer dont tout le monde connait les premiers efforts, ainsi que les succès et les déboires, l'on s'est occupé plus ou moins en France, sous des noms différents, de la guérison des maladies sans user de médicaments. Sous Mesmer c'était le magnétisme animal qui servait de pouvoir curateur. Ce magnétisme animal, comme on sait, consistait en effluves s'échappant de l'extrémité des doigts de l'opérateur et, d'après la théorie du temps, théorie qui prévaut encore aujourd'hui chez de nombreux adeptes, les guérisons obtenues étaient dues à ces effluves.

Sans vouloir discuter ici la question et encore moins chercher à renverser une théorie qui, même de nos jours, parmi les chercheurs, a plus d'adhérents que de détracteurs, il est permis de croire cependant que la volonté, chez Mesmer, devait jouer un rôle important, rôle dont ce maître, lui-même, ne se rendait peut-être pas compte. En effet, est-ce qu'il n'y avait pas là au moment même où il projetait ses effluves ou son magnétisme animal sur la personne malade, une très forte concentration de volonté?

Nous avons tout lieu de le croire : le premier enthousiasme provoqué par une découverte quelconque, est toujours tellement intense que c'eût été réellement une exception si, au moment où il cherchait à démontrer au monde la valeur de sa découverte, Mesmer n'avait pas concentré d'une manière spéciale toute la force de sa volonté sur le but qu'il se proposait d'atteindre. Or, les cures de Mesmer étaient surprenantes; elles l'étaient à tel point que l'Académie des sciences et la Faculté de médecine de Paris étudièrent les procédés de ce médecin allemand.

Le 12 mars 1784, Mesmer fut officiellement convaincu de charlatanisme par une commission composée de cinq membres de l'Académie des sciences et de quatre médecins de la Faculté de Paris. Mais, en 1825, la même Académie seule, et cette fois sans le secours de la Faculté de médecine, nomma une autre commission pour procéder à l'examen du magnétisme animal; cette commission, dont Husson fut le rapporteur, conclut à l'acceptation des propositions du docteur Foissac. Les 21 et 28 juin 1831 un nouveau rapport fut fait à l'Académie de médecine par Husson. Il concluait ainsi :

« La commission a recueilli et elle com-
« munique des faits assez importants pour
« qu'elle pense que l'Académie *devrait*
« encourager les recherches sur le magné-
« tisme comme une branche très curieuse
« de physiologie et d'histoire naturelle. »

Ce rapport fut si favorable au magnétisme que, lorsqu'un membre de cette Académie en demanda l'impression, un autre membre, M. Castel, s'y opposa en alléguant cette raison : « Que si la plupart des faits annoncés « étaient réels, *ils détruiraient la moitié* « *des connaissances physiologiques*, « qu'il serait donc dangereux de propager « ces faits au moyen de l'impression. »

Depuis Mesmer, nombreux ont été ses disciples. Ceux-ci ont obtenu des guérisons et en ont manqué d'autres, et, si l'histoire nous dit vrai, Mesmer lui-même, après l'enthousiasme des premiers jours, aurait cessé d'obtenir des résultats aussi satisfaisants qu'il en obtint tout d'abord. Ceci semblerait prouver que le magnétisme animal dépend, en partie du moins, de la force de volonté (1). Le magnétisme animal, chez Mesmer, était, en effet, le même au commencement de ses expériences qu'à la fin;

---

(1) Nous dirons au chapitre VIII de cet ouvrage, sous le titre de *Forces universelles ou courants cosmiques*, ce qu'est le magnétisme animal constaté photographiquement chez l'homme.

ce qui avait changé ou diminué c'était peut-être l'enthousiasme, tant chez les malades que chez lui-même et, conséquemment, la concentration intense de sa pensée sur l'objet en vue, la guérison. Nous avons donc certaines raisons de croire que les résultats obtenus par le mesmérisme, s'ils sont dûs au magnétisme animal, peuvent très bien être aussi, au moins en partie, la conséquence de la force pensée, celle-ci n'eût-elle d'autre effet que d'activer le dégagement des effluves après les avoir attirés à elle sous forme de vibrations universelles ou force cosmique.

Liébault, Charcot, Bernheim, etc., ont repris plus tard les expériences de Mesmer; mais, comme la science progresse, l'on a baptisé les nouvelles expériences d'un titre plus scientifique. Le magnétisme de Mesmer est devenu l'hypnotisme moderne. Bernheim a depuis admis que l'hypnotisme n'existait pas. Cette conclusion est d'ailleurs celle de nombreux chercheurs qui, non contents d'imiter et d'appliquer, ont voulu penser et analyser.

Les controverses scientifiques, comme toutes les autres, sont des controverses de dictionnaire : le fait, voilà le point principal. Or, le fait existe ; chaque jour nous en avons la démonstration expérimentale. Et que ce fait soit attribué aux passes magnétiques de Mesmer, à l'imposition des mains ou à l'incantation de l'occultiste, à la prière individuelle ou collective, à la suave persuasion du suggestionneur, cela importe peu, ce qui importe, c'est *de connaître le ressort vital auquel nous devons ces manifestations.* Mesmer projetait le magnétisme animal, Liébault, Charcot, Bernheim et tous les modernes avec eux projettent leur parole persuasive, parfois autoritaire et obtiennent des cures. Ces dernières, nombreuses et étonnantes, ont émerveillé les deux mondes, et cela tant que dura le premier enthousiasme. Aujourd'hui l'on obtient des guérisons par le magnétisme comme par l'hypnotisme, mais ces faits sont plutôt isolés et nous les devons aux hommes de volonté pour qui l'éclat et les applaudissements n'ont qu'une valeur très secondaire. Plus isolées encore sont les cures par la prière et les incantations, celles-ci étant devenues un simple mouvement des lèvres, sans contemplation des fidèles ou concentration sur l'objet en vue.

La Salpêtrière a eu ses guérisons par l'hypnotisme ; Charcot nous les a fait connaître, mais les hôpitaux de Nancy, paraît-il, obtenaient davantage de cures. Pourtant c'était le même hypnotisme. Il existait, il est vrai, entre les écoles de Paris et de Nancy des divergences de vues sur certains côtés techniques secondaires, mais sur les points principaux ces deux écoles étaient d'accord. A la Salpêtrière, toutefois, c'était le spectacle : il fallait démontrer la réalité des faits en frappant l'imagination du public. C'est pourquoi ces démonstrations se faisaient la plupart du temps sur des sujets chez qui le sommeil hypnotique était facile à provoquer.

A Nancy, et nous pouvons le dire à la louange de Liébault et de Bernheim, l'on ne recherchait pas le spectacle récréatif; le désir de l'observation scientifique et humanitaire, s'il n'était pas plus ardent qu'à la Salpêtrière, était sûrement poursuivi avec moins d'ostentation et plus de méthode. Aussi les cures opérées par cette école rivale étaient-elles plus concluantes et l'emportaient-elles sur celles de l'école de Paris. Ici, comme dans les cas déjà cités, nous voyons ce résultat que là où la force pensée portait sur la cure ou le but, plutôt que sur la démonstration hypnotique, les cures étaient plus belles, plus concluantes et aussi plus rapides.

Les guérisseurs. — Coopération volitive.

A peu près en même temps que Mesmer, et longtemps avant que ne prît naissance l'École moderne, connue sous le nom d'hypnotisme, surgit un guérisseur dont la renommée n'a pas manqué de venir jusqu'à nous. C'est le curé suisse Gassner. Vêtu d'un surplis et d'une étole, le thaumaturge Gassner opérait des miracles par la seule imposition d'un des pendants de cette étole. L'on ne saurait dire qu'il y avait du magnétisme animal dans cette étole, et il serait difficile également de prétendre que le magnétisme animal s'échappait de ses doigts pour se communiquer par l'étole aux malades qui venaient le trouver; pas plus qu'on ne serait fondé d'admettre que les nombreux malades qui l'entouraient étaient hypnotisés. Il faut aussi écarter l'idée de sainteté, car autrement, l'Église qui reconnaît toujours le miracle, n'aurait pas manqué de lui conférer le titre de saint en le canonisant. Il devait donc y avoir autre chose. Gassner était un convaincu, il ne saurait y avoir là-dessus aucun doute; du reste, les résultats obtenus n'auraient pas manqué de le convaincre, s'il ne l'eût déjà été.

Quelle était donc la force qui pouvait produire un changement si radical chez les malades de Gassner, atteints chroniquement? L'on ne saurait admettre que cette force résidait dans l'étole, car si l'émanation qui s'échappe du corps humain a été maintes fois constatée, l'on n'a jamais remarqué d'effluves semblables se dégageant d'une étoffe quelconque, cette étoffe fût-elle employée sous la forme d'un ornement sacerdotal, enrichi de symboles occultes, cabalistiques même et du pouvoir supra-physique que l'on pourrait y attacher. Il devait y avoir deux forces qui agissaient là comme elles agissent dans tous les cas de guérison, ou pour mieux dire ces guérisons étaient dues à une force unique émanant de deux personnalités différentes : celle de Gassner grandie par les résultats obtenus précédemment et la personnalité du malade. Chez ce dernier la concentration de pensée était telle qu'elle produisait cet état particulier appelé « foi » et cette foi aidée de la projection volitive des effluves vitaux de Gassner produisait dans l'organisme anormal du malade, et dans toute sa manière d'être, un état d'équilibre ou état normal. Rétablir l'état normal c'est la guérison. Ce phénomène de transformation est dû autant, peut-être plus même, à cet état d'esprit spécial développé chez le malade, qu'aux efforts de volonté du médecin opérateur.

Nous savons, en effet, qu'à moins d'une force extraordinaire combinée avec d'autres connaissances d'un ordre spécial, force qui n'est pas le partage de chacun, l'on ne saurait changer l'état d'esprit d'un être humain malgré lui.

Qui ne connaît l'histoire du Centurion, venant implorer le modeste Nazaréen : « Va, « lui dit-il, ton fils est guéri ». Il serait peut-être préférable de ne pas citer dans un travail du genre de celui-ci, les guérisons opérées par Jésus, mais nous pouvons dire sans crainte d'être démenti, que chaque cas de guérison obtenue par Jésus était précédé, chez le malade même et chez la famille du malade, d'un état d'âme appelé « foi ». Ces faits peuvent, sans porter préjudice aux enseignements religieux, être invoqués ici pour démontrer que même dans les cas de guérisons considérées comme absolument miraculeuses, c'est-à-dire divines, la coopération du malade était requise, témoin ces paroles de Jésus : « Ta foi t'a « sauvé ». Le même cas s'est reproduit pour toutes les guérisons opérées par Jésus, et la résurrection de Lazare et du jeune homme n'eut lieu que sur la demande expresse de la famille de chacun des ressuscités. Les mêmes faits peuvent se constater à Lourdes, car là comme ailleurs les forces psychiques, les virtualités célestes, etc., ne produisent d'effet que chez les malades qui se trouvent dans un état d'âme particulier.

La foi qui transporte les montagnes, c'est donc la volonté scientifiquement développée (1), laquelle permet d'obtenir, dans chaque cas, des résultats identiques et certains. Le miracle s'explique facilement pour peu qu'on étudie sa psychologie, et faire un miracle devient une question d'entraînement et d'habitude.

La grande similarité, apparente ou réelle, des méthodes qui ont été employées par les grands guérisseurs des temps anciens comme des temps modernes, est flagrante. Le vieux paysan, Denis Gasquet, qui vient de mourir à l'âge de 84 ans, à Portanière, petit hameau du département du Var, guérissait les fièvres en plantant un couteau dans la terre frai-

_____

(1) Voir le *Développement de la volonté par l'entraînement de la pensée,* par le même auteur.

chement labourée. Gasquet ne concentrait pas probablement sa volonté sur le couteau ni sur la terre, mais bien sur la personne qu'il cherchait à guérir, ce qui semble être prouvé par l'incantation spéciale prononcée par lui; et le fait pour une personne souffrant de fièvre, de venir trouver ce vieillard ignorant de la médecine, constituait déjà l'acte de foi indispensable. Des milliers de couteaux ont été découverts après sa mort, ce qui semble prouver que de nombreuses personnes ont eu recours à lui. Si aucune de ces personnes n'avait été guérie, il est probable que la vogue de ce guérisseur n'eût pas été si grande et n'eût pas duré si longtemps. Pour que des milliers de personnes soient allées demander leur guérison à un homme qui se bornait à planter dans la terre un couteau neuf, il fallait que celui-ci obtînt des résultats très appréciables, car dans les campagnes l'on sait généralement ce qui se passe beaucoup mieux que dans les grandes villes.

Et le zouave Jacob n'est-il pas connu de la France entière? Il est vrai qu'en le poursuivant pour exercice illégal de la médecine, les médecins, qui voulaient le supprimer, lui ont fait une réclame monstre ; celle-ci lui a valu ce prodigieux succès qu'il n'avait jamais connu auparavant. Mais, cependant, le fait que le nombre de personnes qui s'adressent à ce guérisseur va toujours en augmentant, est aussi une indication que les malades eux-mêmes doivent continuer cette réclame ; autrement, de par la nature même des choses, il y a longtemps que le zouave Jacob serait tombé dans l'oubli. Quelle est la manière d'opérer de celui-ci? Les malades se réunissent dans une grande salle et attendent. Le zouave Jacob entre au bout d'un certain temps, les regarde sans prononcer un mot et s'en retourne. Eh bien ! les uns sont guéris tandis que les autres ne le sont pas.

Si nous passions en revue tous les guérisseurs qui ont eu une certaine vogue jusqu'à ce jour, nous verrions que tous ont eu des succès mêlés d'insuccès, et nous sommes certains que la proportion des uns comme des autres était mesurée à l'enthousiasme (volonté et foi) qui prévalait chez les guérisseurs et chez les malades, au moment précis où devait s'accomplir l'acte de transformation.

L'enthousiasme est un état particulier durant lequel on ne voit qu'une chose : le but. Lors de la concentration de l'esprit sur ce but, au moment précis où toutes les forces de l'homme sont mises en activité par un acte conscient ou inconscient de la volonté, il se produit un phénomène que nous appelons « miracle ».

La conclusion de ce qui précède doit naturellement être celle-ci : les probabilités en faveur des guérisons à l'aide de la force pensée, sous forme de radiations volitives provenant de deux personnalités, sont évidentes, et si l'on ne peut pas, après ce premier exposé, dire que c'est réellement par l'intermédiaire de cette force que se produisent les cures et non pas par le magnétisme animal seul ou bien encore par les suggestions hypnotiques, les incantations, etc., il ressort néanmoins que de fortes présomptions militent en faveur de cette théorie.

CHAPITRE II

CHAPITRE II

LA FORCE UNIQUE

Action de la force pensée. — Théorie du Dʳ d'Angelo.

Action de la force pensée.

Nous avons vu dans le chapitre précédent que la force pensée, qui est aussi la force volitive, constitue, chez le médecin, l'instrument curateur, et que le magnétisme, l'hypnotisme et toutes les autres méthodes employées pour guérir les malades sans l'aide de médicaments, sont autant de véhicules différents mis en action par la puissance volitive et employés pour projeter cette force pensée sur la personne à soigner. Mais comment cette force pensée agit-elle sur le malade? Voilà le point qu'il s'agit maintenant d'élucider avant de pénétrer plus avant dans la question qui nous occupe.

La force pensée du médecin doit-elle se projeter sur la partie malade? Et dans le cas où plusieurs organes du corps humain seraient attaqués à la fois, cette force pensée devrait-elle simultanément viser tous ces organes ou bien successivement chacun d'eux tour à tour? On n'a jamais pu constater encore, par un seul fait authentique, que la force pensée ou la volonté, comme on l'appelle généralement, ait eu un effet quelconque sur une chose inerte. Or, par lui-même, le corps humain, comme tous les autres corps, est inerte. Ce qui fait marcher cette machine si complexe, ce qui rompt son inertie, c'est une force motrice qui y réside, et cette force motrice incorporée n'est autre que la force pensée. C'est donc sur elle qu'il faut agir afin que la direction nouvelle et l'enthousiasme nouveau ainsi transfusés, agissent et ramènent la partie affectée à son état normal.

Si l'on reconnaît au corps des facultés

fonctionnelles nombreuses, inhérentes à ses divers organes de locomotion, de préhension, de circulation, de respiration, de digestion, de sécrétion, d'excrétion, de mémoire, etc., il s'ensuit que la pensée seule règle le bon fonctionnement de ces divers organes ou l'arrête, selon qu'elle est elle-même impressionnée dans tel ou tel sens. Bien qu'automatiques, nos divers organes n'en subissent pas moins la maîtrise de la pensée. Mais, pour bien comprendre et bien saisir la raison et l'effet de la force pensée dans le corps humain, il faut ramener l'ensemble des facultés, tant physiques que psychiques, à une faculté unique. Et nous n'aurons ainsi, au point de vue organique, qu'un seul sens, comme nous n'aurons, au point de vue psychique, qu'une seule faculté.

Pour démontrer ce fait, il nous faut toutefois analyser l'homme au point de vue physique et psychique. On reconnaît à l'homme cinq sens, mais si nous examinons nos cinq sens attentivement : l'odorat, le goût, le toucher, l'ouïe et la vue, nous trouvons que ceux-ci n'ont qu'un but, celui de renseigner l'homme, c'est-à-dire lui procurer la perception physique. De même l'on reconnaît à l'homme huit facultés mentales qui, à leur tour, n'ont qu'un but : lui procurer la perception mentale. Attachons-nous d'abord à la démonstration du sens unique.

Théorie du docteur d'Angelo.

L'éminent oculiste d'Angelo, de l'Université de Naples, dans une communication à l'Académie royale de médecine et de chirurgie, abonde entièrement dans l'ordre d'idées émises ci-dessus, et démontre que les cinq sens physiques se résument en un seul. Nous allons citer d'ailleurs le texte entier de sa communication, afin de n'amoindrir ni la hardiesse de ses vues, ni la profondeur de ses conclusions.

Cette communication, faite devant l'Académie royale de médecine et de chirurgie de Naples est intitulée : *Image de la rétine, perception des sens, ophtalmologie.* Nous la citons *in extenso*.

« *L'homme peut voir par les rayons*
« *qui arrivent à la rétine et non par*
« *l'image qui se produit en elle.*

« Telle est l'opinion des maîtres en phy-
« siologie. Je ne discute pas cette proposi-
« tion qui m'a poussé à écrire ma thèse; je
« prie seulement l'Académie de prêter
« quelque attention aux observations que je
« vais exposer.

« Dans la physique optique, chaque trou
« bien centré transmet dans la chambre
« noire l'image de l'objet, image qui, ren-
« versée, vient se refléter en un lieu déter-
« miné.

« Ce trou a donc la puissance d'un prisme
« cristallin, c'est-à-dire qu'il s'adapte de la
« même manière que la loi de capillarité
« s'adapte aux liquides dans les tubes capil-
« laires.

« Cela dit, je passe à mon exposition.

« Par quelle raison ou quel mécanisme
« peut avoir lieu la perception des sens,
« après l'image de la rétine? L'homme
« comme le primitif vertébré, ignorant du
« phénomène, croyait que l'image était

— 33 —

« droite lorsque, en réalité, elle est ren-
« versée.

« Un homme de science, Linné, étonné,
« relevait le phénomène et cherchait à en
« expliquer le mécanisme extérieur. Il
« croyait en tenir la solution, mais cette
« solution existe toujours à l'état d'hypo-
« thèse comme tant d'autres phénomènes,
« du reste, dont on n'est pas encore par-
« venu à dégager le *comment*, à cause des
« inextricables difficultés que présente la
« démonstration scientifique. Et il se peut
« que l'hypothèse que je viens vous présen-
« ter subisse le même sort.

« Flammarion a écrit : *un rien change*
« *les plus anciennes théories et vice*
« *versa*. En effet, l'ancienne théorie des
« quatre éléments, quasi ensevelie dans la
« cendre de l'oubli, jette un défi à l'hypo-
« thèse plus que surannée du néant, obte-
« nant toujours la féconde sanction de la
« science.

« Le *protoplasma*, qui passe pour le
« premier chaînon auquel se relie tout or-
« ganisme animal, est également une masse

« qui se meut d'elle-même; eh bien, le pro-
« toplasma, *avec le mouvement*, parvient
« à former une masse à tentacules qui va
« s'adapter avec un estomac artificiel en
« forme de ventouse, et cela, par besoin de
« nutrition.

« *Avec le seul mouvement, le tact et
« le goût* se manifestent simultanément.
« Puis la force volitive finit par séparer ces
« deux sens et arrive aux premiers germes
« de la vue.

« Naturellement, la matière brute inorga-
« nique nous démontre qu'elle subit une
« réaction chimique immédiate, réaction qui
« amène Linné à conclure que « *mine-
« ralia crescunt* », que les minéraux crois-
« sent; puis, la vie apparaît avec une nou-
« velle modalité, qui se produit par : *vege-
« tabilia crescunt et vivunt*, les végétaux
« croissent et vivent, et ensuite : *animalia
« crescunt, vivunt et sentiunt*, les ani-
« maux croissent, vivent et sentent, *par le
« fait du seul mouvement*. Finalement,
« d'évolution en évolution, nous en arri-

« vons à l'homme, dernier vertébré de la
« quatrième période géologique.

« Si donc, à son origine, la matière inerte
« n'a qu'une seule et même inertie, c'est
« que la matière est *une*, nous pouvons
« *l'unifier*, et nous sommes autorisés à
« conclure que la vie étant infusée dans nos
« différents sens, n'est pas seulement une
« infusion passive, mais bien active, c'est-
« à-dire que la vie est synonyme de mou-
« vement.

« Et nous en arrivons ainsi à cette pre-
« mière conclusion :

« 1° Qu'on doit croître dans le mouve-
« ment;

« 2° Qu'on doit se nourrir par le mouve-
« ment;

« 3° Qu'on doit se reproduire avec le
« mouvement.

« Le mouvement transformant l'énergie
« primitive en *formes* multiples et *moda-*
« *lités* diverses; *formes et modalités*
« multipliées en une confusion apparente

« par l'impérieuse nécessité d'un *processus*
« progressif.

« D'où ce corollaire qui a force d'axiome:
« qu'il existe une loi de chimie volitive,
« laquelle assure aussi bien la vie végétale
« que la vie animale, parce qu'un *tact*
« conscient implique un second sens : le
« *goût*.

« Cette vue élargit la tonalité sensitive
« que nous trouvons même dans la multi-
« plicité des langues évoluées d'une seule.
« Telle est, par exemple, l'expression *sens*
« *du goût*, qu'on étend à la vue, à l'ouïe,
« à l'audition musicale, à l'esthétique en
« général : *goût du beau, goût poé-*
« *tique*, etc., etc.

« Donc, après la matière de vie première,
« après le *protoplasma*, le *tact* et le *goût*,
« évoluant sur l'échelle sensitive, font
« vibrer, comme une lyre harmonieuse, des
« cordes nerveuses de plus en plus subtiles
« d'où naît un troisième sens : *la vue*.

« Il s'ensuit donc :

« Que les êtres se trouvent soumis à un
« mouvement de plus en plus développé;

« Qu'ils sont tous reliés aux états divers
« de leurs devanciers ;

« Qu'ils sent poussés à s'assimiler des
« éléments réparateurs ;

« Qu'ils sont entraînés à une reproduc-
« tion toujours plus sélectionnée.

« En un mot, ils se sentent liés à leurs
« ascendants inconnus qui ont passé par
« les divers échelons de l'échelle de la vie
« animale.

« Ainsi, l'histoire de la terre, depuis la
« création jusqu'à la période quaternaire,
« nous démontre que, pour vivre, les ani-
« maux ont eu besoin de palper la matière,
« de l'adapter au tact qui, sens unique
« d'abord, a insensiblement provigné en
« sens multiples. Et cette impérieuse néces-
« sité primitive se développera, s'accroîtra
« sans interruption, si bien que, d'évolution
« en évolution, elle nous amènera progres-
« sivement du premier vertébré jusqu'à
« l'homme parfait.

« Nous venons de voir que le tact et le
« goût, stimulés réciproquement, avaient
« provoqué l'apparition d'un troisième sens :

« la vue. En effet, les papilles tactiles mises
« en contact avec les papilles gustatives, se
« rattachent directement aux nerfs princi-
« paux du système nerveux, et, par voie
« indirecte, au nerf optique. La matière en
« s'organisant par le mouvement, arrive à
« devenir élément visuel par la formation
« du globe oculaire.

« Immense évolution qui se manifeste
« clairement dans les diverses périodes qui
« ont précédé l'époque quaternaire.

« Dans l'histoire naturelle, l'embryologie
« nous fournit des explications sur la
« formation des 3e, 4e et 5e sens ; elle
« nous apprend comment ils se sont
« développés à la suite l'un de l'autre; et
« encore de quelle manière — mais après
« combien de laborieuses recherches! —
« les nerfs correspondant à ces sens, se sont
« rajustés à la masse cérébrale.

« On y voit que l'ouïe, chez les poissons,
« ne se développe que lorsque ces derniers
« abandonnant les eaux, deviennent rep-
« tiles; que l'odorat est bien déterminé
« depuis les siréniens jusqu'au chien (loup)

« élève de l'homme primitif. Mais je laisse
« de côté les animaux, hommes et bêtes,
« ainsi que le milieu dans lequel ils se
« mouvaient, soit parce que certains tra-
« vaux scientifiques sont encore trop récents
« pour faire autorité, soit parce que tout
« l'intérêt de ma communication réside
« dans l'étude de l'organe visuel, *sens cen-*
« *tral* dans l'échelle zoologique, de même
« que, dans l'échelle chromatique, le *jaune*
« est le point central des couleurs, ou
« comme dans les raies du spectre solaire
« entre l'infra rouge (chaleur) et l'ultra
« violet (électricité) sont représentées des
« lignes chromatiques médianes (1).

---

(1) A propos de l'infra rouge et de l'ultra violet, dont parle
l'auteur, nous nous permettons de placer ici cette simple
remarque : « C'est que bien qu'on soit généralement porté à
« nier l'invisible et l'intangible, parce qu'ils échappent à nos
« sens, ce n'en est pas moins toujours le métaphysique, c'est-
« à-dire l'invisible, l'intangible, l'inaccessible, qui domine le
« matériel.

« Ainsi, par exemple, si l'on prend un thermomètre et qu'on
« l'expose successivement aux divers rayons du spectre solaire,
« on constate que la température s'élève à mesure qu'on le rap-
« proche du rouge, ce qui n'est pas étonnant, puisqu'on soit
« que le rouge rayonne de la chaleur. Mais le surprenant, c'est
« qu'en promenant ce même thermomètre en dehors de la

« Je m'en tiens là, sans chercher d'autres
« arguments, et je note :
« Que les poissons qui sont privés de pau-
« pières, ne sont pas sujets à la cataracte;
« que la hyène en est presque toujours

« zone rouge, dans la zone obscure voisine, le thermomètre
« continue à monter. Ce qui prouve péremptoirement qu'au
« delà du rouge visible il existe des rayons invisibles qui
« détiennent une énergie calorifique supérieure à celle du rouge
« même.
« Maintenant, si l'on fait la même expérience dans la zone
« du violet, qui émane des rayons électriques à action chi-
« mique, on constate qu'une plaque sensible photographique
est plus énergiquement impressionnée dans la zone obscure
« au delà du violet que dans le violet visible. Donc, ici encore
« l'invisible est doué d'une plus grande puissance que le
« visible. C'est ce que l'on appelle les rayons *ultra-violets*.
« Ce n'est pas tout : les invisibles rayons ultra-violets sont
« encore d'incomparables microbicides. A ce point que les
« microbes les plus virulents, ceux qui résistent à une ébulli-
« tion prolongée, tels que les spores de bacilles tétaniques,
« sont foudroyés en quelques secondes. Par les rayons ultra-
« violets on peut déjà stériliser pratiquement et définitive-
« ment de 400 à 1.200 litres à l'heure : vin, bière, lait, sans
« que ces divers liquides subissent la moindre altération
« Donc, l'invisible ultra-violet stérilise mieux et plus prompt-
« tement que tous les antiseptiques matériels. L'ultra-violet
sera la stérilisation idéale de demain.
« Ceci nous amène à penser qu'il en sera de même pour le
« magnétisme, la radio-activité psychique, la radiopathie,
« admirables agents curateurs généralement incompris aujour-
« d'hui, mais qui s'imposeront fatalement demain, en évinçant
« définitivement la médecine de l'inerte remède matériel : la
« médecine officielle. »

« atteinte ; le chien, souvent ; le chat, ja-
« mais ; que la vue déviée par un défaut de
« la pupille, on la corrige au moyen d'une
« lentille positive, etc., etc., bref une foule
« d'autres remarques analogues fixèrent
« mon attention sur la nécessité d'un cris-
« tallin.

« Quoi qu'il en soit, on peut constater que
« la vue demeure toujours le point central
« auquel aboutissent tous les autres sens, et
« que l'œil, soit qu'on le considère comme
« commencement d'une ligne spectrale, soit
« comme récepteur d'images, ou encore
« comme accumulateur de vibrations, l'œil
« reste toujours le point le plus élevé de la
« grande pyramide formée par les sens,
« c'est-à-dire le plus parfait de nos organes.

« Dans l'harmonie universelle, tout étant
« unifié par l'énergie originelle, il résulte
« logiquement que l'évolution du prisme
« cristallin coïncide avec le développement
« du *trait nerveux* dans la boîte cra-
« nienne.

« L'optique expérimentale de l'École,
« pour démontrer le renversement de

« l'image, projette cette dernière sur l'é-
« cran de la chambre noire, et par le petit
« trou dont nous avons parlé, pénètre de
« l'extérieur à l'intérieur, la lumière de
« l'objet, lequel existe réellement ou même
« tout simplement sous forme immaté-
« rielle, telles, par exemple, les photogra-
« phies du spiritisme, photographies de
« l'au-delà.

« De ce fait tout naturel découle la théorie
« des angles opposés par le sommet. La
« figure d'une flèche, dans une fresque,
« démontrait comment le petit dieu Cupidon
« bandait amoureusement son arc. Eh bien,
« le dard scientifique est retourné de la
« même façon. Quant à moi, à cause de
« mon âge, tiède dévôt de Cupidon, j'ai
« voulu délaisser le vieil enseignement de
« ces démonstrations amoureuses pour m'en
« tenir exclusivement au *cercle*.

« C'est pourquoi :

« *Nécessité* schématique qui m'astreint
« à circonscrire un objet quelconque dans
« un cercle de lignes imaginaires, lignes en

« relations constantes dans leurs rapports
« avec un point central unique et intangible.
« Donc : *Point toujours invisible*, si on
« le considère comme le *barycentre des
« solides*.

« C'est là-dessus que s'appuie toute mon
« hypothèse, parce que :

« 1° Quand la circonférence (limitée ou
« infinie, selon la distance) en forme d'en-
« tonnoir, se résout à une expression mi-
« nima, en passant par des cercles insen-
« sibles, se confondant en spirales concen-
« triques ;
« 2° Quand le dernier cercle concentri-
« que, réduit presque à zéro dans la direc-
« tion des trois ou quatre centres, cercle
« réel idéal et virtuel, se confond avec le
« *point nodal* de la lentille positive ;
« 3° Quand finalement la vaine apparition
« fantômale de l'objet parvient à se joindre
« et à se confondre avec ce *point* unique
« (point mathématiquement déterminé d'une
« ligne rigoureusement mesurée), alors seu-
« lement par cet unique *point nodal*, point

« toujours neutre, l'image de l'objet ac-
« quiert une valeur réelle, parce que cet
« unique point nodal est :

« Positif à l'égard de l'objet réel de la
« nature ;

« Négatif à l'égard de l'image réfléchie
« sur la table focale et chromatique.

« D'autre part, par ce point unique, de
« concentration totale, toujours neutre, en-
« tièrement neutre, l'apparition de l'image
« (déterminée et inversée) est toute réflé-
« chie à travers les franges d'une mem-
« brane hypersensible qui, dans le vif
« (mieux que la plaque ou pellicule prépa-
« rée), est une membrane constante et
« durable pour les actions et réactions chi-
« miques.

« Tout le reste n'est qu'adaptation maté-
« rielle. C'est pour cela que tant qu'il reste
« de la vie dans le vertébré, tant que la rétine
« n'est pas altérée par le microdaltonisme
« anatomo-chimique, l'image réelle de l'ob-
« jet paraîtra renversée, parfaite, très lu-
« mineuse et sera pourvue de ce sympa-

« thique *goût* chromatique et de toutes les
« gradations chromatiques, sans exception,
« que l'objet lui-même possède dans la na-
« ture.

« Le point central sensoriel droit et précis
« se rapporte à :

$$\text{« } Tact + goût = vue.$$

« Dans l'intérêt de ma démonstration, en
« étudiant particulièrement la dynamomé-
« canique de l'œil, j'ai voulu éliminer quel-
« ques erreurs et j'ai considéré dans le
« globe de l'œil :

$$\text{« } Iris + cristallin = fonction.$$

« *Iris* (= diaphragme perforé pour loger
« la forme très variable des pupilles) *mo-*
« *bile* et variable, au point de me décou-
« rager, pour terminer un catalogue de re-
« cherches commencées dès 1878.

« *Cristallin* (= type de lentille naturel)
« de forme variable, en conséquence de sa
« fonction, depuis le premier vertébré jus-
« qu'à l'homme.

« *Fonction harmonique* entre l'iris et
« le cristallin. L'un et l'autre vibrent à l'u-
« nisson, pour les besoins harmoniques de
« la vision, dont l'évolution graduelle
« découle *d'un seul germe* d'élément pri-
« mitif absolument inconnu.

« Donc la conclusion suivante :

« *Iris* (diaphragme à ouverture variable)
« en principe, dans le vertébré, de lui-
« même insuffisant, comme en physique
« optique, à retourner en image parfaite un
« objet de nature matérielle. D'où :
« Nécessité mystérieuse qui était venue
« en aide au vertébré inconscient, en con-
« formant d'abord la substance à une len-
« tille positive, et ensuite un autre concours
« tout particulier s'ensuivit, analogue à l'hy-
« pothèse de l'air dans le trou centré.
« Ainsi nous arrivons à une formule d'é-
« quivalence :

« Iris $+$ lentille $=$ fonction »

« qui est dynamique involontaire, graduelle,
« ascendante, inconsciente, complète, qui,

« par nécessité, devait compléter chez
« l'homme la vision parfaite.

« Naturellement, comme un stimulant
« énergique, la science du bien porte
« l'homme au goût de la vie et à la con-
« naissance de la cause première.

« Donc moi :

« Je voulais, stimulé, pénétrer la raison
« de ce long trait nerveux qui, comme un
« fil malléable, ne doit pas dériver inuti-
« lement du centre sensoriel au chiasma,
« au nerf optique, au lobe occipital posté-
« rieur comme je l'ai démontré dans une
« autre de mes études.

« Je voulais trouver la raison par la-
« quelle, une fois son parcours terminé, il
« devait évoluer, se contracter pour se ré-
« pandre et se multiplier dans tant de traits
« variés et constituer une rétine immobile
« en décomposant et en transformant un
« appareil constant qui, hypersensible, cons-
« titue une plaque ou une pellicule tri-
« chrome de photographie.

« Je voulais — audacieux Prométhée —
« voir ce que deviendraient les images,

« après leur arrivée instantanée à l'unique
« point de la station centrale, ou du moins
« pouvoir en isoler mentalement *une seule*,
« de ces images, sinon dans son centre
« sensoriel, tout au moins à travers son
« long et tortueux trajet; mais, vaine et
« audacieuse tentative! d'après une loi
« éternelle, l'espionnage et le vol sont sé-
« vèrement prohibés, et punis ceux qui
« veulent arracher à la nature ses secrets;
« malheureux Prométhées, ils sont liés,
« martyrs et isolés sur la roche de la ré-
« flexion. Ainsi, moi, déçu, je me livrais
« à mes réflexions.

« L'image (intervertie sur le cristallin) ar-
« rive petite et précise dans la rétine; de
« celle-ci, dans le nerf optique, toute ren-
« versée et par un long trait, se faufile à
« travers un inextricable labyrinthe de ré-
« seaux, et, comme la foudre, gagne un
« point, *seulement un point* du centre,
« unique perception; *point* ignoré, qui,
« intelligent, autocrate, gouverne seul et
« préside, invisible, à toutes les actions sen-
« sitives et volitives.

— 49 —

4

« Le ténébreux et noir oiseau de proie,
« qui se repaît des entrailles de Prométhée,
« dévore moralement les viscères céré-
« braux du savant ; mais, en lui-même,
« demeurant toujours libre, il veut, il rai-
« sonne, il pense... et moi aussi, je pensais :
« Le nerf — non pas substance inorgani-
« que rouillée — comme tel, peut trans-
« mettre la chaleur, l'électricité, les ondu-
« lations de la physique acoustique ; mais,
« vivante composition granulo-cellulaire,
« le nerf donnera les explications ulté-
« rieures pour les recherches subséquentes
« de l'ultramicrochimie.

« Le nerf optique, non en vertu des cel-
« lules sphéroïdes communiquant entre
« elles, mais par spiro-torsion, doit — dans
« son long circuit intracrânien — redresser
« chaque image, réellement intervertie, à
« travers les franges de la rétine et con-
« duire chromophotographiquement les
« images à ce seul point unique, où non
« seulement la rétine, mais toutes les sen-
« sations, suivant l'harmonie générale, doi-
« vent aboutir unifiées, redressées, réelles

« et condensées comme elles se présentent
« dans la nature.

« *Objections*. — Il y a la série des êtres
« inférieurs, depuis ceux ensevelis dans le
« terrain azoïque ou primitif, jusqu'à ceux
« que, le premier, le malheureux Lamarck
« dénomme *invertébrés*.

« Mais ceux-ci renforcent ou plutôt résol-
« vent mon hypothèse, parce que :

« Le sens visuel est en partie tout ex-
« terne, toujours tactile et rudimentaire ;
« puis :

« Le manque d'appareil optique, lequel,
« après une longue évolution, parvient à
« se former (globe oculaire) ; et après :

« Les divers acheminements sont dé-
« monstratifs, sinon des réponses absolues,
« parce que (d'après nos observations par-
« ticulières) il résulte que l'inférieur jus-
« qu'à l'invertébré, est en possession d'une
« vision limitée vers un point qui, d'immé-
« diat, tout proche, devient médiat et s'é-

« lève, par d'insensibles degrés, jusqu'à
« notre point infiniment éloigné « *punctus*
« *remotus* ».

« Or, si les vertébrés s'étagent suivant
« une échelle de perfectionnements succes-
« sifs ; si, par *loi*, tous les organes se mo-
« difient et se développent en mesure et en
« perfection, il en résulte logiquement que
« les attaches du trait nerveux doivent, par
« croissance, se plier aux contorsions gra-
« duelles de ce fil transmetteur et devenir,
« en dernier lieu : globe oculaire, constitué
« parfait dans l'homme parfait, et parfait
« appareil photo-chromographique ; et il ré-
« sulte évidemment que l'invertébré ne per-
« çoit pas comme et autant que l'homme,
« mais que son rayon visuel, toujours limité
« et déterminé, n'étend la vision (distance
« éloignée) que graduellement depuis le
« premier rudiment oculaire tactile, à
« l'organe du premier vertébré, jusqu'à
« l'homme et qu'enfin — résultat non moins
« logique — nous devons nous attendre à
« l'évolution de connaissances qui sont en-
« core à l'état latent et nous en remettre au

« temps pour avoir l'espoir d'obtenir de
« meilleures observations expérimentales.

Je disais au Congrès de Rome :

« Les échelles harmoniques, sauts appa-
« rents, dissonances du goût musical, sont
« nos fonctions harmoniques... Comme pour
« la musique classique, les instruments
« variés et multiples, vibrants et réson-
« nants, ne vous laissent percevoir qu'un
« concert unique dans la fusion des sons,
« comme l'enseigne la science de l'har-
« monie musicale. Tout aussi clairement,
« *in natura rerum*, dans la nature des
« choses, la même loi harmonique, clas-
« sique, comme celle de l'harmonie musi-
« cale, peut se démontrer dans les divers
« appareils végéto-réparateurs des ani-
« maux...

« Donc :

« Conclusion de mon hypothèse, je dis
« que l'homme ne voit pas par la concavité
« de la rétine considérée, jusqu'à présent,
« comme un miroir, parce qu'il perçoit le
« contraire de la vérité.

« Il ne peut voir non plus dans le prolon-
« gement des rayons, parce que ce serait
« contraire à la logique et à l'échelle des
« êtres animés. C'est pourquoi :
« Il ne doit voir que d'après la vieille
« hypothèse, laquelle, reprenant une nou-
« velle force, pourrait s'énoncer ainsi :
« L'homme voit par l'image de la rétine,
« laquelle pénètre droite au centre par spi-
« rotorsion du nerf, comme la névrologie,
« mieux que mon étude, pourra le dire.
« Si, de tant de lois, on formait un code
« unique, qui comprendrait les lois de la
« physique, de la mécanique et de la chi-
« mie, le *point aveugle* de Mariotte pour-
« rait venir constituer un *point total* ou
« *point indispensable*, pour l'entrée de
« la sensation visuelle au centre sensoriel,
« conséquence logique des deux sens pré-
« cédents : le *tact* et le *goût*.
« Et comme d'après *l'unique loi* — en
« principe, naturellement — la matière
« inerte devient active avec le mouvement
« de l'atome, mouvement tétragone, invisi-
« ble, échappant à toutes les investigations

« matérielles, intangible, virtuel, mais
« appréciable chimiquement dans le prisme
« de la lumière, la chaleur, l'électricité ..
« Ainsi :

« De par la loi unique, une unique puis-
« sance ignorée développe, en évoluant,
« des énergies inconnues, comme celles
« qui animent les plus lointains espaces;
« puissance énergétique inconnue, qui va,
« vient, retourne, et, dans ses manifesta-
« tions réitérées, inspire à Gœthe l'idéal de
« *devenir*, idéal plus philosophiquement
« exposé encore dans la *Science nouvelle
« du flux et du reflux*, de J.-B. Vico.
« Avec cette loi unique, il sera démontré,
« dans un temps très court, non seulement
« qu'il y a unité des animaux pourvus de
« sens, mais que leur ensemble forme une
« psychologie unique, c'est-à-dire que la
« graduelle échelle des self-mouvements, ne
« troublera pas la croyance spirituelle ou la
« névrosité spirite de notre siècle délirant :

« Une est la matière qui tombe sous nos
« sens, bien qu'on ne puisse le démontrer;

« Une aussi est l'origine des choses que
« l'on peut contempler dans une seule par-
« tie accessible de l'univers astral.

« La vie est donc unique à partir du pro-
« toplasma primitif, dont j'ai parlé au com-
« mencement de cette étude, et comme co-
« rollaire logique : qu'au commencement...
« .... l'éozoon primitif possède des or-
« ganes et des sens embryonnaires, comme
« l'œuf et l'embryon contiennent un point
« nodal, germe des évolutions futures.
« Mais comme nous ne pouvons avoir l'in-
« tuition du mouvement, sans l'aide d'un
« frottement dû au contact de la matière, de
« même (et souvent) une aversion animale
« particulière fait insurger le savant contre
« la vérité qui, énoncée trop tôt, ne sert
« qu'à taxer d'erreur ou de folie le penseur,
« lequel, comme en témoigne la doulou-
« reuse histoire de l'humanité, succombe,
« sans avoir l'énergie de résister à la colonie
« fangeuse qui l'entraîne dans la mort.
« L'appareil matériel humain, vilipendé
« dans la vie, tué, sera toujours pleuré

« après la mort ; mais la pensée ou l'idée,
« *logos* en grec, *verbum* en latin, ne sera
« jamais étouffée.

« Après la mort, la forme matérielle ense-
« velie semble s'anéantir ; en réalité, elle
« se transforme. La vérité survit, et de
« l'état latent, se rend manifeste pour
« l'homme.

« L'homme de la vérité succombe, comme
« une semence de vie qui doit mourir et
« pourrir dans l'*humus* matériel, d'où il
« sortira transfiguré en une glorieuse plante,
« qui se perpétue avec de nouvelles se-
« mences intellectuelles, lesquelles, multi-
« pliées, sont répandues dans la propaga-
« tion intelligente de la vie organisée,
« comme l'a si bien démontré notre génial
« maître, le professeur Schrœn, entièrement
« absorbé par les recherches que nécessi-
« tent ses travaux ardus, à savoir que la
« nature minéralisée est clairement sou-
« mise à cette loi de vie unique.

« *Tout* est soumis à cette *loi unique*, et
« si vieille, que Tacite, il y a deux mille

« ans, a su exprimer avec concision : « Le
« moule de l'esprit est éternel ».

« Oui, elle est éternelle cette loi unique,
« et Galilée mort, ne meurt pas, la vérité
« reste un spiro-point nodal dans la triple
« faculté de l'âme humaine.

« Les ridicules momies, les loquaces ca-
« riatides se fossilisent en formes qui dispa-
« raissent, enténébrant sciemment le *point
« nodal*, origine de l'esprit ; elles représen-
« tent les vaines ombres des créatures anté-
« diluviennes qui se mouvaient automati-
« quement ; mais ridicules ou menaçantes,
« elles barrent toujours la route escarpée
« du haletant pèlerin, qui regarde la loin-
« taine cime de la pyramide tétragonale.

« L'avalanche humaine se précipite en
« rangs serrés vers le *point* auto-rotatif,
« duquel rayonne en trois couleurs :

« La dure *loi :*
« Le mot *travail.*

« L'antique malédiction, transformée en
« arc-en-ciel de paix, réalisera le rêve d'a-
« mour fraternel universel.

CHAPITRE III

CHAPITRE III

Pensée et maladie. — Mécanisme de la maladie. —
Thérapie psychique.

Pensée et maladie.

Nous venons de voir que toutes les sensations physiques de l'homme şont des attributs d'un sens unique. Mais l'homme dans sa complexe transformation est néanmoins un tout très harmonique et ne fait point exception à la règle générale ou loi unique qui a présidé à la création des êtres et des choses. Si l'enfant ne voit pas dès sa naissance, s'il n'entend pas aussi bien que plus tard, si, en un mot, ses différents attributs physiques se développent lentement et graduellement, il n'en est pas autrement de ses attributs intellectuels. Nous croyons que l'enfant pense dès sa naissance, peut-être pense-t-il même avant sa naissance, mais ses émotions, sa mémoire, son jugement, sa volonté, ne sont que le résultat d'une éducation que lui donne l'expérience des sensations externes. Supprimons la pensée, et ces sensations cesseront aussitôt d'exister. Concentrez la pensée sur elle-même, isolez-la complètement des sensations externes et celles-ci cessent de se manifester ou tout au moins d'être ressenties, la pensée ne leur prêtant plus aucune attention (1). Les facultés intellectuelles, dans ce cas, ne reçoivent aucun fait éducationnel qui indique clairement que ces facultés sont des attributs que développe la pensée et qui leur permettent de se tenir en relation avec les sensations extérieures.

Un fait d'expérience prouve que par la pensée seule, et sans l'aide de la réalité

_____

(1) Ce fait est illustré par la suspension de la sensation et de la vitalité chez les Hindous.

physique, l'homme peut produire une sensation suivie de l'émotion correspondante, émotion aussi réelle que si la sensation avait été réellement causée par une cause externe. Nous avons ainsi la preuve que dans la pensée se trouve uniquement la sensation réelle et qu'en dehors d'elle il ne saurait y avoir ni sensation ni émotion.

Il suffira donc de donner à la pensée, *faculté unique*, une direction spéciale pour obtenir au plan physique comme au plan mental une sensation donnée. Si donc la direction imprimée à la pensée produit une émotion malsaine, soit parce qu'elle poursuit, *en la contemplant*, une idée pouvant produire un effet déprimant, soit parce que planant dans les hautes régions du monde abstrait, pendant qu'inconscient le corps se débat au milieu des agitations et des tracas mondains, la pensée est soudainement rappelée aux réalités matérielles par un avertissement quelconque, il s'ensuit alors une forte commotion qui retentit sur le système nerveux tout entier. Cette secousse morale sera communiquée aux cellules et jusqu'aux moindres fibres de l'organisme par le système nerveux, et ce choc subit détraquera le fonctionnement régulier de ces ouvriers auxiliaires, gardiens tutélaires du corps humain.

La maladie est donc un effet dû à notre manière de penser; aussi pouvons-nous affirmer, sans crainte, qu'il n'existe qu'une maladie unique. Mais cette maladie unique, qui est d'abord psychique, prend différents aspects et se manifeste sous mille formes à chacune desquelles la médecine a donné un nom spécial. De là vien-nent ces milliers de noms, qui désignent tout autant de symptômes, symptômes soi-gnés à l'aveuglette, d'une manière souvent empirique, au moyen de remèdes souvent toxiques dont le but est de produire une excitation passagère. Reconnaître une faculté unique et une maladie unique, c'est réduire l'enseignement de la médecine à sa plus simple expression. Cet enseignement devient alors ce qu'il doit être : — une connaissance psychique, c'est-à-dire une compréhension claire et complète des effets que produit sur l'homme sa manière de penser, — et rend possible la rééducation individuelle si magistralement décrite par le Docteur Paul Émile Lévy, de Paris (1).

Les maladies héréditaires, elles-mêmes, ne sont, pour la plupart, que le résultat de la pensée. L'enfant vient au monde avec une tendance, c'est-à-dire une manière de penser qui, en se développant, prend telle ou telle direction. Cette tendance tient à deux causes, d'abord à l'influence du milieu au moment de la naissance et ensuite à l'influence atavique. La première, l'ambiance, peut exercer une action plus marquée chez les uns que chez les autres, mais tous, indifféremment, nous avons à combattre des inclinations naturelles pour nous en créer d'autres qui nous manquent et qui mènent au succès.

L'influence atavique ou héréditaire nous vient de nos parents. Celle-ci est puissante pour le bien comme pour le mal, suivant que nos auteurs ont eux-mêmes combattu

----

(1) Voir son livre : *l'Éducation rationnelle de la volonté.*

5

pour le développement de bonnes qualités ou se sont laissé entraîner par leurs tendances naturelles, tendances qu'ils avaient eux-mêmes reçues de l'ambiance et de l'héritage. C'est toujours celui des parents dont la force pensée est la plus puissante qui communique ses vertus ou ses défauts à l'enfant qui va naître; mais, durant la grossesse, c'est l'influence de la mère qui semble prédominer. La mère doit donc veiller plus particulièrement sur sa manière de penser à partir du moment de la conception jusqu'au moment de la naissance.

Nous n'avons pas ici l'intention de développer ce vaste sujet, car il est trop important pour qu'on puisse le traiter en quelques lignes. Si nous l'avons effleuré, ce n'est que dans le but de faire réfléchir aux conséquences que nos propres vertus ou nos défauts exercent sur nos descendants, et montrer qu'un père ou une mère, devenus sages avec les ans, peuvent très bien, malgré leur vertu tardive et leur enseignement sénile, avoir des enfants d'une conduite indigne.

Leadbeater, dans son fameux livre :

« L'*homme visible et invisible* », a donné dans de très jolis clichés en couleur, l'état de l'*aura* de l'homme sauvage et de l'homme civilisé. Mais, tandis que pour l'homme sauvage il n'a indiqué qu'un seul état, l'homme civilisé, au contraire, a autant d'états différents que sa civilisation a développé de vices différents. Le cliché le plus frappant de cet admirable travail est celui qui représente la colère. C'est un nuage très noir coupé de zigzags rouges comme des éclairs et qui donnent l'apparence d'une épouvantable tempête. Eh bien, quel effet la colère produit-elle sur l'organisme ? La chimie a vite fait de nous le dire. Analysez la salive d'un homme en colère et vous y trouverez, au microscope, de petites particules sanguines ; l'analyse nous montre ces dernières comme un poison violent ; ce poison, imprégnant la salive, se répand dans l'organisme, véhiculé qu'il est par le sang, et va se donner en nourriture aux cellules vitales dont les fonctions consistent à régénérer l'ensemble harmonieux de l'être physique.

Mécanisme de la maladie.

Si nous nous demandons maintenant ce qu'est la colère, nous ne saurons donner d'autre définition que celle-ci : la colère c'est la pensée en ébullition désordonnée. C'est encore la pensée, la faculté unique, qui vient, dans ce cas, produire ce malaise ou cette lassitude que nous ressentons après la colère. Cette lassitude, effet de la réaction, n'est pas encore la maladie; mais que l'on continue de se mettre en colère, et l'organe le plus faible du corps commencera à se ressentir de ces effets; la douleur sera perçue à cet endroit faible, ce sera un avertissement donné à la pensée, et dont il faudra tenir compte sous peine de voir s'affaiblir cet instrument délicat connu sous le nom de corps humain. L'on aura beau donner des médicaments, si le malade ne cesse de se mettre en colère, tous les remèdes seront impuissants, il n'y a point de guérison possible, parce que les médicaments n'ont aucun effet sur la pensée. Le médecin doit donc être avant tout un rééducateur.

Admettons maintenant que la pensée, au lieu de se manifester sous forme de colère, se montre sous forme de tristesse. Eh bien, petit à petit, insensiblement, cet état de la pensée aura son influence sur l'organisme et se traduira en une maladie de langueur. La haine et tous les sentiments contraires à l'amour pur du prochain, de même que la tristesse influent sur la santé et opèrent plus ou moins lentement suivant la force de résistance individuelle, mais la maladie est toujours au bout. Il faut donc éviter celle-ci, surveiller la pensée et la transformer sitôt que l'on s'aperçoit qu'elle prend un cours contraire à son bien-être.

Thérapie psychique.

Le système de thérapie psychique, surtout en ce qui concerne l'étiologie des maladies et leur origine dans la pensée anormale, se base entièrement sur la physiologie du cerveau. Nous voyons les deux substances, la grise corticale, celle qui forme l'écorce, et la blanche qui forme le noyau. Rappelons-nous que la substance grise est le siège de toute idée, de toute perception, de toute volonté, tandis que le centre blanc n'est que la batterie électrique compliquée de millions de cellules au moyen desquelles la pensée lance ses ordres aux extrémités du corps comme aux organes internes, suivant certaines routes dites locomotrices, en faisant vibrer certains nerfs qui, à leur tour, causent la contraction des muscles et, par là, le mouvement des membres; ou bien ils suivent le chemin du grand sympathique et du vagus, le dixième nerf, qui, à eux deux, régularisent le mouvement du cœur et des poumons ainsi que la sécrétion des sucs de l'estomac et des autres organes de l'appareil digestif.

Cependant, retournons à la partie extérieure, à la substance grise corticale; elle est, nous le répétons, un appareil perceptif, c'est-à-dire qu'elle perçoit ou accepte les impressions qui lui sont transmises par nos organes des cinq sens. On sait même que chacun des sens a sa *région spéciale* sur la surface du cerveau. Ainsi, l'image imprimée sur la rétine de l'œil est transmise, par le nerf optique d'abord, au chiasma près du centre du cerveau; de là, l'impression se transmet à la partie supérieure du cervelet.

De même, un bruit quelconque impressionnant le nerf acoustique, les vibrations en sont transmises en dernier lieu au centre acoustique, là où le cervelet se rétrécit pour ensuite se prolonger dans la moelle épinière. Là, cette impression est jugée, c'est bien par là que nous décidons si le bruit est mélodieux, sympathique, discordant, sourd, proche ou lointain.

Mais nous ne sommes qu'à mi-chemin. Après que le cerveau et le cervelet ont jugé toutes ces impressions du goût, de l'odorat, de l'ouïe, de la vue et du tact, il s'ensuit une action, même souvent une réaction, et c'est là que la pathologie de la volonté se vérifie, c'est-à-dire que toute maladie, tout malaise, dépend de l'idée, de la pensée, en un mot de l'état anormal des centres psychiques du cerveau. En effet, suivons le cours d'une impression transmise à son centre psychique et étudions la réaction.

Un homme est par hasard témoin d'une rixe violente, d'un meurtre, et les images successives transmises au centre optique sont jugées au moment même de l'action du crime ; la réaction suit immédiatement, car les vibrations des cellules du centre optique sont transmises immédiatement au centre vaso-moteur tout près, soit vaso-constricteur, soit vaso-dilatateur.

Dans le premier cas, les artères se contractent et il s'ensuit une anémie passagère cérébrale, l'homme s'évanouit ; dans le second cas, les artères se dilatent comme chez les malades congestionnés ; une artère cède sous la pression, s'ouvre et l'homme reste foudroyé d'un coup d'apoplexie.

Mais ne cherchons pas les cas extrêmes, les accidents, prenons un simple cas d'indigestion, qui, à la longue, peut devenir dyspepsie, gastrite nerveuse, etc., etc. Un homme d'affaires, toujours pressé, mange vite, il engloutit la nourriture, sans penser à ce qu'il mange, tout aux affaires; en mangeant, il lit les journaux, les cours de la Bourse; une mauvaise nouvelle le surprend, les idées qu'il accepte sont transmises à la surface du cerveau et forment là des vibrations spéciales; elles s'irradient au centre régulateur de l'estomac, au vagus et au grand sympathique. Voyons l'effet des vibrations de ces deux systèmes de nerfs sur l'estomac. En pareil cas, la sécrétion de la pepsine et des autres sucs de la digestion est arrêtée; la nourriture n'est pas digérée, elle fermente, produisant des gaz acides, cause les éructations pénibles de l'indigestion, et donne un goût amer à la langue et à toute la bouche; répétez souvent cette faute de régime et d'hygiène et vous aurez la dyspepsie chronique.

Vous parlez des bilieux; vous voulez l'explication de ce tempérament par la pathologie de l'idée, par la psychose. Vous avez devant vous un sujet d'un tempérament colérique, irrité par une mauvaise nouvelle, voyons ce qui se passe. Sans répéter la théorie de la pensée qui gouverne le sympathique, venons-en tout de suite au foie, à l'hypersécrétion de la bile qui déborde et colore la peau avec la sclérotique de l'œil; qui de vous n'a observé un cas de jaunisse subite?

Et tous les cas de psychose, d'hystérie, de neurasthénie, de mélancolie, d'hypocondrie avec leurs suites de douleurs, de contractions, de spasmes, de parésies et de paralysies, ne sont-ils pas l'image de la perturbation chronique de la pensée, d'un état psychique, enfin, que seule une bonne réorganisation de la pensée peut guérir?

Et comment voulez-vous attaquer ce centre psychique affecté? par le bromure, par une poudre quelconque, par un déprimant ou un excitant? Ah! non, Messieurs, et malgré tout le respect dû à l'érudition de nos professeurs en pathologie médicale, nous sommes forcés de dire: vous faites fausse route. Vos remèdes ne peuvent être efficaces qu'autant que vous ferez l'éducation ou plutôt la rééducation de la volonté. Jamais les goûts pervers du dypsomane, les désirs immodérés du gourmand, ne seront guéris par quelques grammes de bicarbonate. Déracinez la tare de son centre psychique et rééduquez la volonté, vous serez maîtres de la maladie.

Jusqu'à présent, nous avons un peu trop considéré nos patients comme de petits laboratoires de chimie. Mais, lorsque nous serons tentés de continuer sur eux une expérience démonstrative, rappelons-nous qu'il y a une âme régulatrice à soigner, à former si elle n'existe pas encore, à réformer si elle s'est fourvoyée.

Nous reconnaissons depuis longtemps l'existence d'une pathologie psychique et, pour désigner certaines maladies, nous n'avons d'autres termes que celui de « Psychose ». Est-ce que le refuge des aliénés n'est pas connu sous le nom de « Institut psychiatrique ? » Mais admettons, tout de suite, que nous ne renfermons dans ces instituts que les malheureux qui sont devenus dangereux pour la société ou importuns pour leur famille et seulement quand la maladie est déjà bien avancée, pour ne pas dire incurable. Pourquoi négliger les faibles d'es-

prit, les vicieux, les onanistes, les dypso-
manes, les hystériques, les neurasthéniques.
etc., etc., jusqu'au moment où l'accès est
devenu une habitude, une manie, un vice,
même jusqu'à ce que les manifestations du
mal sortent du champ de la pure psycho-
pathie et entrent dans celui des parésies et
paralysies? Car on ne peut que désigner sous
le nom de « négligence » l'oubli d'une thérapeutique qui n'est pas adoptée dès le
début du mal et qui, ensuite, se borne à
soulager quelques symptômes externes avec
des poudres, de l'arsenic, du bromure, ou
bien par des applications extérieures desti-
nées à endormir temporairement une douleur. Pourquoi ne pas atteindre par d'autres
moyens ce pauvre cerveau maladif, pénétrer
au centre du mal, et cela bien avant que se
manifestent les douleurs des contractions,
des paralysies? Ce qu'il faudrait, ce serait de
guider ces malheureux, de former ou réformer leur esprit en les soumettant à un régime
spirituel, à une vraie discipline morale (1). Il

(1) Dr Jules Voisin : *L'idiotie.*

faudrait une éducation infiniment plus prolongée que ces dix minutes de séance hypnotique que nous accordons dans les cli-
niques psychiatriques à quelques cas spéciaux
d'hystérie. Ainsi, — et d'autres ont contribué
à cette thérapie nouvelle par leurs études et
leur publicité, — il faudrait adapter cette thérapie à d'autres cas : névrites, névroses, parésies, paralysies, etc., etc., et l'employer pour
la guérison des maladies de la circulation,
de la diathèse générale et de la digestion.

Il va sans dire que cette thérapie joindra
à son influence purement abstraite ou psychique des enseignements et des règles
d'hygiène qui deviendront, par la force spirituelle dominatrice du guérisseur, des lois
contre lesquelles le malade n'oserait se
rebeller.

Cette cure devrait consister en deux parties : premièrement, la soumission spirituelle
complète du malade. Obtenez cela d'abord,
mais d'une manière absolue, et le reste ne
sera pas difficile. Il faudrait donc que le
malade se sentît surveillé, qu'il n'oubliât
jamais qu'une force invisible guette ses

actions, qu'il invoquât la puissance du guérisseur absent, sachant que cette force peut
être transmise à toutes distances, à tout endroit, à toute heure.

Secondement : l'éducation de son esprit,
qui doit dominer ses bas instincts en le
rénovant.

En considérant la pensée comme la faculté
unique, la seule qui souffre ou qui puisse
ressentir la joie et le bonheur, nous avons
une base assez large pour édifier le traitement purement psychique, et nous arrivons
à pouvoir formuler et adopter un système
de traitement, nous pouvons même dire le
seul système de traitement à base réellement
scientifique, et qui sorte absolument de
l'empirisme dans lequel nous nous sommes
en vain débattus jusqu'à ce jour.

Nous savons que tous les symptômes
connus en ce moment, sous le nom de maladies, sont dus à un premier état anormal
des organes de la digestion. L'estomac, gouverné par le sympathique, cesse alors de
fonctionner normalement et ne sécrète plus
les sucs gastriques nécessaires ; le foie cesse

de son côté de fournir normalement la bile; le suc pancréatique se fait rare et les fonctions des organes internes sont paralysées; ou bien encore le contraire se produit, et alors tous ces sucs arrivent en surabondance et les troubles se manifestent sous les formes d'hyperacidité de l'estomac, d'hypersécrétion de la bile, etc., etc. Or, cet état anormal est le résultat direct d'un état spécial de la pensée ou centre vital unique de l'homme psychique. L'homme calme, tranquille, celui qui ne se tourmente pas, qui n'a pas de haine, qui fait chaque chose en son temps, d'une manière méthodique et tranquille, est un homme dont la mastication est parfaite et la digestion bonne; il n'y a chez lui aucune maladie, parce que l'état des nerfs et de tous les organes intérieurs est parfaitement équilibré.

Mais, dira-t-on, comment la mastication, qui est un acte physique, peut-elle être considérée comme un acte de la pensée? Nous pourrions répondre que tout acte physique doit d'abord être pensé, mais cela ne suffirait pas. Envisageons donc, pour un moment, deux personnes : l'une dont la pensée est calme et l'autre qui se trouve dans un état constant de surexcitation. La première fait tout d'une manière modérée et exactement comme elle désire que les choses soient faites. L'homme dont la pensée est calme se reconnaît à ses moindres actes, à son maintien même, à son apparence générale.

Voyons, au contraire, l'homme excitable et excité et nous ferons la différence. Sa pensée est comme un ouragan; il marche d'une manière que l'on pourrait appeler erratique et, en s'asseyant à table, il mange vite, goulûment, rapidement, car il ne pense pas à l'acte imminent qu'il accomplit en ce moment, mais à toutes autres choses. Dans son idée, ce sont peut-être des millions qu'il cherche à acquérir, ou un problème difficile qu'il s'applique à résoudre, ou une partie de plaisir qu'il projette, le tout peut-être à la fois, et alors l'impatience le prend, ses pensées tumultueuses se poursuivent avec une rapidité vertigineuse, et c'est ainsi que les bouchées se succèdent et s'avalent de même, après avoir subi quelques broyements insuffisants et nerveux.

Suivons maintenant ces aliments insuffisamment mastiqués dans l'estomac. A ce dernier est imposé un travail au-dessus de ses forces, parce que ces aliments sont insuffisamment élaborés ; chez le jeune homme, où l'activité physique est encore dans tout son plein, la digestion se fait encore assez bien ; dans l'âge mûr, on se ressent davantage de ce manque d'entraînement de la pensée et de cette mastication insuffisante ; mais, dans l'âge avancé, des difficultés se présentent insurmontables, et alors l'on commence à prendre des remèdes. Non seulement cet état de pensée influe sur la mastication, mais il se répercute sur l'estomac lui-même, ce centre nerveux par excellence, et lui enlève sa force d'action, en même temps qu'on lui impose un travail additionnel. L'on pourrait ainsi passer en revue tous les différents organes ; il serait facile de montrer comment l'homme, qui n'a pas su maîtriser sa pensée, se concentre sur lui-même, se rapetisse pour ainsi dire par la contraction nerveuse qui s'opère chez lui, et alors c'est le corps tout entier qui souffre. Mettez des pilules dans l'estomac de cet homme, vous lui procurerez peut-être un soulagement passager, mais vous ne le guérirez pas. Il faut d'abord que l'esprit soit traité, que l'idée soit changée, transformée, et que la pensée soit maîtrisée par la réflexion.

Le docteur A. I. Parks, de New-York, dit à ce sujet : « L'influence absolue et com-
« plète que le système nerveux sympa-
« thique exerce sur l'organisme physique,
« est si claire et si bien connue de tout
« observateur, que la mention de phéno-
« mènes nouveaux, dans la vaste série de
« manifestations déjà observées, est devenue
« inutile. Nous savons tous que la digestion
« est arrêtée à la réception de mauvaises
« nouvelles; que l'appétit disparaît et, en
« même temps que cette disparition a lieu,
« le système tout entier ressent les effets
« de cette impulsion dépressive qui nous
« vient sous forme d'onde mentale et spiri-
« tuelle, et qui fait baisser le thermomètre
« vital. La crainte non seulement arrête les

« fonctions de la digestion, mais suspend
« aussi la formation des sécrétions de l'es-
« tomac. Une crainte soudaine paralyse
« fréquemment le cœur pour toujours,
« tandis qu'un message plaisant et agréable
« calme tout en excitant gentiment le
« sytème granulaire tout entier, augmente
« la sécrétion, aide à la digestion et envoie
« une émotion joyeuse dans le sensorium,
« lequel diffuse la bonne nouvelle à chaque
« nerf fébrile dans cette organisation com-
« plexe. »

Si nous acceptons ce qui précède comme
science saine, nous devons aussi admettre
que chaque médecin qui excite la crainte en
disant à son malade qu'il ne guérira jamais,
donne réellement à ce malade une dose de
poison, et cette dose pourrait très bien être
suffisamment forte pour déterminer la mort.
Et nous devons ajouter que l'expérience que
donnent de nombreuses années passées à
guérir les maladies chroniques nous a
démontré que souvent ce poison de la
crainte, qu'on a développé chez le malade,
amenait celui-ci vers une mort certaine. Il

n'existe point de maladies incurables. Qui peut dire ce que demain nous apportera, surtout en ces temps de découvertes extra-ordinaires? Bien des maladies incurables pour un médecin sont facilement guéries par un autre, et là où un système de guérison est sans effet, un autre sera efficace. Ces faits, nous les constatons chaque jour.

Il est bien difficile de s'expliquer comment il se fait que la pensée devienne si vagabonde, et par quel procédé il est possible, par l'ensemble des facultés qui procèdent d'elle, de ramener celle-ci dans son état normal. Mais le fait est là. Nous savons que nous pouvons arrêter et maintenir dans une certaine mesure les extravagances de la pensée, mais de dire comment ce phénomène peut avoir lieu, nous ne le savons pas, nous l'ignorons complètement, tout en ne manquant pas d'établir théories sur théories pour chercher à nous l'expliquer. La pensée, c'est la manifestation de l'activité humaine, et si celle-ci saute d'un sujet à un autre sans réflexion ni mesure, chacun des courants psychiques qu'elle produit se transporte par le système nerveux sur tous les centres vitaux de l'organisme et y fait sentir son effet bon ou mauvais, suivant que la pensée agit d'une manière calme ou d'une manière désordonnée. Mais pourquoi la pensée déploie-t-elle une surabondance d'activité, ou, pour mieux dire, pourquoi cette activité ne s'exerce-t-elle pas d'une manière normale? Autant de questions auxquelles l'on ne saurait répondre que par des suppositions; mais souvent cet état fâcheux est consécutif à une contradiction, à une perte d'argent, à un accident, à un décès ou à mille autres causes. C'est donc au moment précis où l'une de ces causes déterminantes d'une activité désordonnée de la pensée se présente, que nous devons être prêts à rassembler vivement les rênes pour maintenir ce coursier fougueux à une allure conforme à son propre bien-être et, partant, au nôtre.

Tout le secret de la bonne santé comme de la réussite dans les affaires se trouve là; là aussi se trouve l'unique faculté qu'il faut soigner lorsque la santé a été perdue.

CHAPITRE IV

CHAPITRE IV

INFLUENCE DE LA PENSÉE SUR LA PENSÉE ET DE L'HOMME SUR L'HOMME.

L'idée acceptée. — La volonté du thérapeute.

L'homme est libre dans son âme, dans sa manière de penser, dans son être psychique; personne, en effet, ne peut emprisonner cette impondérable substance connue sous le nom d'homme psychique.

Si l'on a condamné les hérétiques de la science et du dogme du moyen âge, l'on n'a jamais arrêté leurs pensées ni réussi à changer leurs convictions. Cette impossibilité d'exercer sur ces hommes d'avant-garde une influence quelconque est due à l'état d'âme ou volonté que leurs longues études, leurs incessantes méditations et réflexions avaient développé chez eux. Leur âme était devenue une forteresse impénétrable pour toute autre influence que celle de la vérité telle qu'elle leur apparaissait, telle qu'ils l'avaient découverte. Ce n'était pas chez ces hommes de l'entêtement ni de l'orgueil, mais bien le résultat d'un grand savoir, d'une haute philosophie. Lorsque l'un de ces martyrs du vrai disparaissait de la terre sous la main du bourreau, un autre naissait et réaffirmait ce que l'on cherchait à étouffer.

Ils étaient peu nombreux ces amis de la vérité, mais leur influence se fit sentir sur les masses; elle a pénétré même jusque dans la mentalité de leurs oppresseurs. C'est ainsi que ces penseurs sont parvenus à transformer petit à petit ceux-là même qui avaient voulu les faire rétrograder. Quelle que soit la partie de l'humanité que nous cherchions à étudier, depuis les temps les plus reculés jusqu'à nos jours, nous constatons toujours que l'influence de l'homme, promulgateur du beau et du vrai, agit non seulement, sur la mentalité de ses contemporains, mais encore sur celle des siècles à venir, et donne lieu ainsi à des découvertes morales ou scientifiques nouvelles.

Qui oserait dire que l'influence de tel ou tel penseur n'est pas plus grande aujourd'hui qu'elle ne l'était durant leur vie? Mais si un seul homme réussit à influencer les masses par la vulgarisation de sa philosophie ou de ses vues scientifiques, ne pouvons-nous pas raisonnablement conclure qu'il est possible à un homme d'en influencer un autre par la constante répétition d'une idée? Qui peut le plus, peut le moins. Cela seul suffirait à prouver l'influence de la pensée sur la pensée, et de l'homme sur l'homme.

L'idée acceptée.

La télépathie, sous quelque forme qu'elle puisse s'exercer, n'est plus de la pseudo-science, mais de la science réelle; l'on a donné à cette répétition d'une idée le mot de suggestion, et l'on a cru que c'était la répétition ou la suggestion qui opérait la transformation que l'on ne manque jamais de constater chez la personne suggestionnée. Mais c'est là une erreur, l'être psychique reste libre d'accepter ou de refuser; il est libre dans son choix. C'est la perception de la vérité, de l'assertion juste, qui amène infailliblement ce résultat. Il faut donc convaincre en démontrant clairement la vérité de l'assertion.

L'idée possède le pouvoir de s'implanter profondément dans l'être conscient, comme elle peut ne laisser qu'une empreinte fugitive. C'est donc l'idée acceptée, la pensée qui opère la transformation et non pas la suggestion. Nous avons ainsi l'explication de la vertu et du vice, comme nous avons l'explication de la santé et de la maladie. C'est aussi bien sur l'idée qu'il faut agir, et l'homme bon, désirant le bien-être de ses semblables, aura d'autant plus d'influence sur son époque, qu'il saura mieux faire accepter comme vraie cette idée prédominante chez lui.

Donc, plus la démonstration d'une vérité sera complète, plus cette vérité s'ancrera profondément sous forme d'idée dans la mentalité, durant le sommeil hypnotique, alors que le raisonnement semble être absent, durant l'état de veille, si la contemplation de l'idée de vérité est concentrée. L'idée venant de l'extérieur s'adapte plus facilement et s'assimile mieux; conséquemment, pour obtenir les meilleurs résultats, il faut que la personne que l'on cherche à influencer fasse abstraction d'elle-même, accepte l'idée présentée et alors l'influence sera aussi facile que durant le sommeil hypnotique; le suggestionneur possédera beaucoup plus de puissance, parce que sa parole sera acceptée volontairement, venant d'une personne qui a su nous inspirer une confiance tellement grande que nous avons fait abstraction en sa faveur de nos propres idées, et aussi parce que les efforts subséquents seront volontaires et raisonnés.

La volonté du thérapeute.

L'homme qui exercera donc le plus d'influence sur ses semblables sera celui qui, par un développement moral plus qu'ordinaire, aura su se placer sur une sorte de piédestal de vertu et acquérir une somme de connaissances le rapprochant le plus près de la vérité, en un mot, qui a su se créer cet état d'âme appelé « la volonté », à laquelle rien ne résiste.

Un état d'âme de ce genre en impose aux agités comme à ceux qui vivent d'une vie tranquille ; il en impose même à ceux qui, par envie ou autres bas sentiments, sont devenus ses ennemis.

L'on peut sûrement influencer les autres pour le bien comme pour le mal ; arriver même, sous certaines conditions, à pousser une personne à la mort ou l'amener à la folie ; mais l'on peut aussi, par l'exemple et une concentration incessante de la pensée bonne, faire le bien, développer la vertu, corriger les défauts, extirper le vice et donner la santé. Et cette influence peut s'exercer non pas seulement à une distance de quelques mètres, c'est-à-dire à la portée de la voix et de l'ouïe, mais à une distance illimitée de kilomètres, car la pensée plus rapide que l'éclair ignore l'espace ; sitôt produite, elle frappe instantanément la personne, l'objet ou l'endroit visés. Mais si chacun de nous peut se transporter mentalement à Pékin, autre chose est de pouvoir fixer sa pensée, chaque fois qu'on le désire, sur tel point spécial de cette ville éloignée. Pour cela encore, il faut un entraînement.

Jamais personne n'a pu faire une chose très bien sans d'abord avoir appris à la faire ; pour savoir dessiner, il faut d'abord éduquer la main, les yeux, la pensée ; pour apprendre à lire, il faut commencer préalablement par l'alphabet, et pour pouvoir influencer quelqu'un par notre propre pensée, il faut avoir développé notre volonté, laquelle mettra dans notre attitude, dans notre regard, dans notre parole et toute notre manière d'être enfin, une force qui en imposera à tous ceux qui seront en contact avec nous. Cet ascendant se traduira par une sensation indéfinissable de bien-être chez les bons et par un sentiment de crainte chez les méchants. C'est ce que l'on ressent toujours en présence de l'homme de volonté, sans se l'expliquer. Et cette influence est de tous les instants, elle se fait sentir sans effort partout où il la dirige, influence qui arrive à destination sans dévier et si puissante qu'elle transforme en santé les pires états pathologiques.

Il est donc facile de voir, puisque toutes les facultés de l'homme ne sont que l'émanation d'une faculté unique que, pour transformer les facultés acquises, il suffira de donner à la faculté innée une direction spéciale ou, autrement dit, de refaire son éducation. C'est ce que nous allons maintenant essayer de démontrer.

CHAPITRE V

CHAPITRE V

LES EFFLUVES VITAUX ENGENDRÉS ET PROJETÉS
PAR L'HOMME DEVIENNENT DE PUISSANTS
AGENTS THÉRAPEUTIQUES

Radio-activité humaine. — L'entraînement.

Radio-activité humaine.

L'homme possède donc une puissance mystérieuse qui s'irradie, se projette et ag.. tout comme le radium dont on a tant parlé. De même que ce minéral, l'homme peut communiquer sa vie sans rien en perdre. Ce phénomène s'appelle radio-activité.

Les radiations de l'homme comme celles du radium possèdent une puissance curatrice. Pourquoi nier cette puissance à l'homme alors qu'on la reconnaît à un simple minéral?

Qu'est-ce que la radiance d'un agent physique inconscient à côté de celle autrement pénétrante de l'homme parce qu'elle est dirigée par une force animique, par l'intelligence, par l'esprit? Jusqu'à quelle intensité de projection les radiations humaines peuvent-elles s'élever et quel est leur effet sur l'homme malade ou en bonne santé?

Ces deux questions peuvent se résumer en celle-ci : quelle est la puissance curative de la téléradiopathie? Pour le public et surtout pour les malades, cette question présente un intérêt particulier; ceux chroniquement atteints s'y intéresseront d'autant plus que personne jusqu'ici n'a pu les soulager, encore moins les guérir.

La radio-activité humaine pourra-t-elle plus pour eux que n'ont pu le bistouri, les injections et toute la pharmacopée officielle dont on use aveuglément, de nos jours, à tort et à travers? Donner la vie par la vie est sûrement le seul moyen qui, jusqu'à présent, ait permis la continuation des races.

Or, quoi qu'on puisse en penser, la vie ne saurait être uniquement matérielle, la vie est avant tout psychique ; mais pour donner aux autres, il faut posséder soi-même, et l'homme qui veut consacrer sa vie à guérir ses semblables doit être un homme fort, sain de corps et d'esprit et posséder ce ressort de la volonté auquel rien ne résiste. Ce triple avantage est obtenu par un entraînement spécial et, si la tâche en est ardue, elle porte aussi avec elle sa douce récompense. Les guérisons obtenues, les malades sauvés d'une mort prématurée, la vie prolongée au moment précis où, vacillante, elle allait s'éteindre, tout cela constitue une récompense sous forme de satisfaction morale personnelle qui fait oublier les nombreuses années de préparation qui ont précédé le succès. Il faut, pour obtenir un pareil succès, transformer le cerveau en générateur électrique ; il faut devenir « pile humaine » si l'on veut arriver à être le dispensateur de cette énergie vitale et réussir à résoudre le problème ardu de la transfusion à autrui de sa propre vie psychique.

Émerson, le grand philosophe dont les ouvrages ont fait époque et ont créé une manière de penser tout à fait nouvelle, dit dans un de ses ouvrages : « Il est grand celui qui réussit à changer mon état d'es-« prit ». Et Émerson a raison, la clef de la sociologie se trouve dans ces mots : « Si le « monde est malheureux c'est parce qu'il « pense à ses malheurs; si la vie se « trouve remplie de difficultés, c'est parce « l'homme pense toujours aux difficultés « qui se présentent ». C'est ainsi qu'il développe en lui un état d'esprit ou un état d'âme qui constitue pour lui la montagne infranchissable, la difficulté qu'il ne saurait surmonter.

En transformant cet état d'esprit, la barrière, cette illusion mentale qui nous arrête, disparaît, et devant nous s'étend la plaine aisée et souriante de la vie réelle. L'être humain qui voit se dresser devant lui ce mur infranchissable, cette montagne escarpée, cette barrière hérissée de toutes les oppositions, de tous les ennuis, de toutes les impossibilités, est esclave d'une idée fixe, produit d'une éducation mal comprise et d'une philosophie erronée.

Chercher à influencer la mentalité rétive que nous venons de décrire, pour montrer à l'homme une voie nouvelle et d'accès plus facile, nécessiterait un effort au-dessus des forces humaines, si nous n'avions à notre disposition les nombreux attributs de notre faculté unique, la pensée. Nous nous trouvons en présence de deux forces pensées ayant chacune une direction opposée, une manière de voir différente. Mais, tandis que la première se bute contre une barrière d'illusions qui lui semblent être réelles, de ce fait, elle se trouve dans la mauvaise voie ; l'autre, au contraire, plus perspicace, mieux renseignée, voit les horizons lointains à atteindre et la plaine qui y conduit souriante et agréable à traverser. C'est cette dernière mentalité qui doit transformer la première et nous voyons ainsi jusqu'à quel point Émerson avait raison lorsqu'il disait : « que « celui-là est grand qui réussit à changer ma « manière de voir ».

Comment une mentalité clairvoyante peut-elle pénétrer une mentalité qui est recouverte d'un voile épais, dont les yeux sont bandés, celle qui se cabre contre la vérité et se refuse à voir autre chose que l'irréalité présente qui lui paraît vraie? La transformation doit nécessairement se faire petit à petit, et le raisonnement logique, uni à une douce persuasion, doit être mis en œuvre par celui qui veut devenir grand en changeant la manière de voir de son frère malheureux. Mais combien ingénieux, logique et persuasif, ce raisonnement doit-il être pour transformer cette pensée qui s'est ancrée à une douleur, qui la caresse, la choie, l'étreint depuis des mois, des années peut-être, comment s'y prendre pour l'en détacher? Quel effort ne requiert-il pas le travail de transformation de l'homme irritable, de la femme impressionnable, de l'enfant peureux? Eh bien, ces efforts, qui au commun des mortels semblent autant de montagnes à soulever, ne sont qu'un jeu comparés à ceux qu'il faudra tenter pour faire abandonner à l'orgueilleux, au vaniteux, au pédant, la haute idée qu'ils ont d'eux-mêmes. Celui qui se croit la personnification de tout ce qui est beau et supérieur, qui ne voit en dehors de lui rien qui mérite une attention égale à celle qu'il se prête à lui-même, se trouve naturellement froissé dès la première observation, et il s'insurge à la moindre contradiction. Et à celui qui ne croit pas à l'existence d'un démon réel, l'on pourrait répondre par cette question : Que faites-vous du démon de l'orgueil ? C'est en effet l'orgueil qui est l'esprit du mal ou plus justement le mal de l'esprit, et la cause fondamentale du plus grand nombre de nos misères ; c'est à l'orgueil qui se révolte contre le grand principe, le principe capital qu'il faut s'attaquer, et ce ne sera que par son expulsion que la paix pourra être rétablie. Celui-là, donc, qui réussira à transformer le mauvais état d'esprit de son frère, celui-là sera l'ange d'amour de la société.

Se voir tel que l'on est, c'est se voir réellement, c'est se connaître ; et si l'on ne doit pas se considérer comme un ver de terre, une inutilité, une poussière sans mérite et sans valeur — car l'extrême humilité confine souvent à l'extrême orgueil — il faut se garder également de se voir sous les dehors brillants dont notre imagination a su revêtir la vérité, pour la cacher à nos yeux. Il importe donc pour que la force pensée d'un homme puisse influencer instantanément et d'une façon complète une force pensée sœur, que celle-ci ait réussi à faire, momentanément du moins, abstraction de sa manière de voir et de ses idées préconçues actuelles, par une concentration intense. Alors, l'énergie concentrée dans l'une se transfusera dans l'autre par suite de cet état de réceptivité voulu ou inconscient, et cette énergie se communiquera par le grand sympathique et le système nerveux au centre cellulaire et au sensorium, et redressera instantanément toutes les anomalies qui pourraient gêner le bon fonctionnement de l'organisme.

Si, au contraire, le malade ne peut placer son esprit dans cet état de réceptivité complète, la force pensée qui cherche à influencer la sienne ne pourra obtenir ce résultat que par des coups souvent répétés, et de même que l'on frappe à une porte à plusieurs reprises jusqu'à ce qu'une voix de l'intérieur nous dise d'entrer, de même faudra-t-il projeter l'énergie de la force pensée, de la volonté, aussi souvent que la chose sera nécessaire, pour que ces projections psychiques invisibles, silencieuses mais puissantes, soient admises dans le sein de l'autre mentalité, celle que l'illusion des difficultés physiques retient encore de l'autre côté de la barrière.

L'entraînement.

Toutefois, pour obtenir ce résultat, il ne faudrait pas croire que n'importe qui puisse, à n'importe quel moment, obtenir, dans le temps le plus court, les beaux résultats que nous venons de citer. Il faut, avant de songer à transformer la mentalité d'autrui, que l'on transforme d'abord sa mentalité à soi; il faut nous rendre maîtres de ce fougueux coursier appelé « la pensée »; il faut enfin, par les procédés décrits dans notre ouvrage précédent « *Le développement de la Volonté par l'entraînement de la Pensée* », placer notre esprit dans un état tel que la pensée se dirige toujours sans effort vers le but élevé et que nous soyons arrivés à développer en nous cet état d'âme, cette manière d'être qui nous permet d'envisager ce que nous sommes convenus d'appeler « les difficultés », comme autant d'illusions, et les obstacles comme de simples poteaux indicateurs du chemin à suivre.

Pour arriver là, dira-t-on, combien d'efforts, quelle lutte, quelles difficultés? Eh bien, ce sont encore là de pures illusions, c'est tout au plus une habitude à prendre, et, l'habitude devenant une seconde nature, ce sera la transformation radicale de notre manière de voir; ce sera le changement complet de notre état d'être. Après avoir choisi une idée, on s'en imprégnera en la contemplant, chaque jour, jusqu'à ce que l'idéal de la perfection que cette idée représente soit devenu nôtre. L'imagination, cet admirable attribut de notre pensée, nous montrera une beauté des plus parfaites, un idéal de plus en plus élevé ; et, de nouveau, nous irons à la poursuite de cette beauté nouvelle, de cet idéal plus grand, et, de nouveau, en nous l'assimilant, nous deviendrons l'idéal même.

La perfection absolue ne s'acquiert que par des efforts constants; il faut monter, monter toujours sans arrêt. La stagnation peut être encore du mouvement, mais c'est le mouvement rétrograde, car celui qui cesse d'avancer, forcément recule. Mais n'est-ce pas humain de rechercher toujours un bonheur nouveau, plus grand? L'homme riche cherche des richesses additionnelles, et c'est en cette tendance innée de l'homme, tendance nécessaire à son existence, que nous trouvons tout à la fois la raison de nos chutes, et aussi la raison de nos succès, soit dans le plan mental, soit dans le plan physique, soit dans le commerce ordinaire de la vie. La tendance de celui qui a perçu les premières beautés, ou réalisé les premières richesses, consiste à rechercher des beautés nouvelles, des richesses et des possessions toujours plus grandes, toujours plus étendues. C'est ainsi que d'ascensions en ascensions, de succès en succès, de connaissances en connaissances, l'on arrive à l'altruisme, source et but qui permet la réalisation de ce rêve, que d'aucuns traitent de chimère, qui permet à l'homme de faire des miracles. Dans cet état d'élévation morale, l'âme parle à l'âme, l'esprit à l'esprit; le mental perçoit la vérité, parce que l'esprit est sain dans un corps sain.

CHAPITRE VI

CHAPITRE VI

LA MAITRISE DE L'ESPRIT

La liberté humaine. — *Le bien, le bon, le beau.*

La liberté humaine.

Nous avons dit dans l'avant-propos que la deuxième partie de ce travail traiterait plus particulièrement de la méthode à suivre par chaque malade pour obtenir, sans l'aide de qui que ce soit, la santé qu'il cherche. Or, la deuxième partie ne sera que la conclusion de ce qui précède. Nous avons développé et expliqué, autant du moins que les choses abstraites peuvent s'expliquer, comment la pensée peut influencer une autre pensée; mais nous avons eu soin aussi de prévenir que l'action d'une force pensée ne saurait se faire sentir sur la pensée d'autrui qu'en proportion de l'acceptation volontaire par cette dernière, de l'effort fait par l'autre pour la pénétrer et la modifier. Cette liberté absolue dont nous jouissons, liberté de nous ouvrir ou de nous fermer à toute influence, à toute entreprise étrangère, constitue la sauvegarde de notre intégrité morale et physique.

Nous sommes libres dans notre choix, libres devant le bien comme devant le mal, et si nous avons le droit de manger de tous les fruits du Paradis, sauf de celui de l'arbre où le bien et le mal se combinent, nous voyons aussi que, s'il y a défense de toucher à son fruit, il ne nous est point défendu de savourer tous les autres. Mais cette légende du Paradis terrestre dont on se rit avec autant de désinvolture que d'inintelligence, contient un enseignement profond, lorsqu'on la dépouille de son sens matériel, enseignement dont la valeur métaphysique n'échappera pas aux penseurs. L'ange tutélaire, l'esprit développé, la pensée élevée, chassera par sa flamboyante puissance l'esprit ténébreux du jardin ou de la sphère où il a pénétré. L'âme élevée n'a nul besoin de feuille pour couvrir sa nudité, car elle se sait dans le vrai, et elle n'a point honte de son savoir; mais si, au lieu de manger le bon fruit seulement, nous mélangeons nos idées de manière à ce qu'elles soient moitié bonnes, moitié mauvaises, nous en serons réduits à user de toutes sortes de subterfuges pour couvrir la faiblesse de nos idées, de nos croyances ou de notre fausse philosophie. Comme l'autruche, nous nous cacherons la tête pour ne pas être vus.

L'esprit sérieux, au contraire, suivant en cela la genèse de l'univers, commencera par incuber le chaos de ses pensées, et bientôt de cet ensemble incohérent, ses premiers efforts sépareront les eaux de la terre, le liquide du solide, la pensée de la matière.

Après ce premier effort, qui est toujours le plus difficile, il pourra dire que la lumière soit, et la lumière sera dans sa pensée, car il sera débarrassé en partie de tout ce qui est matériel et inerte ; sous l'influence de cette bonne volonté, il marchera de progrès en progrès, et à mesure qu'il s'élèvera ses idées s'épureront, il verra de plus haut et de plus loin, la lumière finira par chasser complètement la nuit de son cerveau jusque-là enténébré, et enfin tant par son acquis que par sa propre volonté, il se rendra maître de la création.

Le voilà donc Adam, maître de la terre et à la veille de devenir maître des cieux. Mais tandis qu'il règne sur le monde matériel par son intelligence innée et par la tension de sa volonté, il ne régnera sur les cieux que par un développement progressif de tout son être moral, alors qu'il sera devenu son propre maître par la maîtrise qu'il aura acquise sur sa faculté de penser et sur tous les attributs qui en dérivent. Il faut qu'en nous ce soit l'âme qui règne, et que, par les émanations de l'amour pur, cette âme influence pour le bien tout ce qui l'entoure, âmes et corps. Alors il n'y aura plus de maladies, ni d'infortunes, ni d'insuccès, car le bon esprit est le maître de tous les règnes, et ses émanations, soit physiques, soit morales, sont toujours bonnes.

Le bien, le bon, le beau.

Donc, pour conclure, nous dirons : Pensez toujours et constamment à ce qui est bien, à ce qui est bon, à ce qui est beau. Ne mélangez pas vos pensées, ne mangez pas en même temps du fruit hybride de l'arbre du bien et du mal. Devenez maître de vous-même en suivant strictement les indications détaillées qui vous sont données dans l'ouvrage : *Le Développement de la Volonté par l'entraînement de la Pensée*, et donnez à l'esprit la maîtrise absolue sur vos désirs, sur vos penchants, sur vos joies et sur vos peines ; vous verrez ces dernières disparaître sous cette influence puissante, et vos désirs, comme autant d'échelons, vous feront suivre la marche ascendante qui vous mènera vers le bien, vers la santé et vers un succès constant, sans lacune, dans toutes les choses bonnes que vous entreprendrez dans un but humanitaire.

CHAPITRE VII

CHAPITRE VII

LA FACULTÉ UNIQUE DE L'HOMME

*Le Mécanisme de la Pensée et la Formation de l'Idée.
— La Mémoire, sorte de grenier d'abondance
d'idées, est la source de nos idées futures. — Notre
bien-être psychique et physique dépend d'elle en
grande partie.*

Le mécanisme de la pensée et la formation de l'idée.

Nous avons déjà fait, dans les pages pré-
cédentes, la démonstration du sens unique
et avons vu que si nous avons lieu d'admettre un sens physique fondamental, dont
les autres sens ne sont que le développement naturel, nous sommes également fondés
de croire que l'homme, au plan mental, ne

possède qu'une seule faculté et que tous les avantages dont il jouit à ce plan ne sont que des attributs de la faculté primordiale. Nous pouvons donc conclure que, au plan physique comme au plan moral, l'homme n'a qu'un sens et qu'une seule faculté, et que cette faculté doit être son aptitude de penser.

L'on s'est souvent posé cette question : « Qu'est-ce que la pensée ? » Mais jamais elle n'a reçu de solution satisfaisante. C'est bien en vain qu'on a émis toutes sortes de suppositions, qu'on a amoncelé théories sur théories. L'explication que nous allons, à notre tour, donner de la pensée peut bien n'être, elle aussi, qu'une théorie, mais nous croyons cependant qu'elle possède tout au moins le mérite de la plausibilité.

Tous nous sentons une force intérieure ; nous ne savons pas au juste ce qu'est cette force, mais si nous ne pouvons pas la soumettre à l'analyse pour connaître sa nature intime, il nous est loisible, néanmoins, de lui donner un nom. Jusqu'à présent, cette force nous a été désignée sous différents vocables, dont le plus généralement adopté est celui d'âme. Nous pouvons dire, afin d'éviter toute polémique de dictionnaire, que cette force personnifie la vie en nous; c'est une force vitale, laquelle se manifeste dans notre organisme tout entier. Elle part au centre de l'être physique, c'est-à-dire au thorax, monte au cerveau, se répand dans les nombreuses cellules qui composent cet organe et se met finalement en contact avec les forces cosmiques ou forces extérieures. Alors, au moment de la rencontre de ces deux forces, il se produit un choc d'où sort une vibration, et cette vibration, c'est l'idée.

La mémoire, sorte de grenier d'abondance d'idées, est la source de nos idées futures.

La poussée de vie intérieure est la manifestation du désir naturel de l'homme; ce désir, à mesure que grandit l'enfant, se transforme, car chaque idée s'est répandue et emmagasinée dans l'organisme, ajoutant un peu de savoir de plus et un peu plus d'expérience au bagage des connaissances individuelles et amplifiant ainsi la mémoire. Mais nous savons, parce que nous sentons, que cette poussée de vie intérieure, cette émanation de l'âme ou de la force vitale, devient plus parfaite à mesure qu'elle emprunte à la mémoire les connaissances accumulées. C'est ainsi que le désir de l'homme de science est toujours de savoir davantage ; que les désirs de l'homme d'argent sont d'accumuler de plus en plus les richesses, et que les désirs de l'homme qui vit sur le plan animal sont des désirs dont la matérialité bestiale perce, malgré tous les efforts qui pourront être faits pour les dissimuler. Mais cette mémoire étant, comme il vient d'être dit, le grenier d'abondance des idées conçues précédemment, par cela même, il est d'une importance capitale que l'idée conçue soit une idée bonne.

Mais ici se présente cette autre question : Comment, si la pensée est une poussée intérieure sur laquelle nous n'exerçons pas de contrôle direct, comment pouvons-nous choisir l'idée? Il est évident que de prime abord il paraît impossible à l'homme de faire ce choix. Mais, avant de pousser plus loin les investigations dans ce vaste sujet de la pensée, reposons-nous un instant et réfléchissons à ce simple mot de liberté ou libre arbitre. Si l'homme ne peut pas choisir son idée, si l'idée constitue vraiment la mémoire et si la mémoire est bien ce confluent qui vient augmenter ce fleuve dont la poussée intérieure est la source, alors le libre arbitre n'existe pas et l'homme n'est pas responsable de ses actes : il n'en saurait être responsable ni vis-à-vis de Dieu, ni vis-à-vis des hommes, ou de lui-même. Il est la girouette qui s'agite sous l'influence des vents, mais il ne peut être une entité qui tend vers un but plus élevé. Où se trouve l'homme qui pourrait sciemment l'admettre? Si les conditions que nous venons de mentionner prévalent, il faut donc que les suppositions faites soient vraies et que l'homme ait alors le choix de l'idée qui est conçue dans son cerveau. La difficulté n'est pas pourtant résolue, le problème reste encore devant nous et si l'inconnu n'est plus recouvert de son voile épais, le grand secret est néanmoins encore caché à notre vue. En réfléchissant à ce qu'est cette poussée intérieure, cette émanation de l'âme, cette force vitale sans laquelle l'organisme humain n'est qu'une masse inerte et sans la moindre valeur, nous nous apercevons que cette poussée intérieure a un but : elle cherche à savoir. C'est le désir instigateur.

Ici encore nous pourrons envisager un autre problème bien autrement profond, le problème de la divinité. Mais nous laisserons à chacun le soin de percer ce mystère en tant qu'il peut être percé, nous ferons simplement remarquer, en passant, pour mettre chacun dans le bon chemin, ce simple fait que, si la divinité est le centre d'où toute chose émane, c'est au centre qu'il nous faut la chercher et non pas au-dessus ou en dehors de la création; du moment que nous trouvons cette divinité au centre de ce qui existe et que la poussée intérieure n'est qu'un désir ardent d'arriver à la connaissance de plus en plus grande, nous pouvons voir

que si cette poussée intérieure n'est pas absolument pure, c'est qu'elle a été polluée au contact des idées que nous avons nous-mêmes
produites. L'homme, instrument de Dieu,
est un homme autrement haut que le matérialiste qui refuse d'admettre qu'il existe
quelque chose de plus grand que les choses
matérielles qu'il connaît par la vue, par le
toucher, par l'odorat.

Si l'homme est vraiment l'instrument de
Dieu ou de la divinité centrale, nous compre-
nons alors la poussée intérieure parce que
nous sentons que cette poussée de force,
impondérable et invisible, cherche à parvenir
à la connaissance de toute chose et se manifeste à travers les différents degrés de sa
propre création. Nous avons alors la force
individuelle appelant en elle la force centrale d'où jaillit l'idée et la création, telles que
nous les constatons, appel dont le résultat
et la conséquence sont le progrès éternel
des idées qui se sont succédé jusqu'à ce
jour dans l'intelligence - type dont nous
sommes les humbles, mais aussi les nécessaires instruments. La Genèse, elle-même,
soutient et confirme cette théorie.

Notre bien-être psychique et physique.

Tant que la poussée intérieure reste ce qu'elle était au commencement de son émanation, elle attire à elle des forces cosmiques identiques, c'est-à-dire les forces pures. Malheureusement, lorsqu'elle passe à travers ce corps, dans cet organisme constitué de millions et de millions d'êtres indépendants sous forme de cellules vitales qui ont été pénétrées par l'idée contenue dans le cerveau de l'homme, elle emporte avec elle des millions de désirs inférieurs de ces êtres cellulaires et se rend au cerveau, non pas telle qu'elle était au moment de son émanation, c'est-à-dire pure, mais telle que nous l'avons faite nous-mêmes, et nous nous attirons ainsi des forces cosmiques identiques à celles que nous avons laissées se produire au point de la tangente; nous refoulons dans notre système tout entier l'idée malsaine, l'idée morbide, que, par négligence ou par toute autre cause, nous avons laissé s'implanter en nous. Libre à nous, si nous l'osons, de crier maintenant à l'injustice, mais il n'est pas moins certain que nous ne devons accuser que nous-mêmes de notre fâcheux état. Il est vrai que les uns pèchent par ignorance, d'autres par négligence, quelques rares individus seuls pèchent sciemment ; mais quelle que soit la nature de notre erreur, qu'elle soit le résultat de l'ignorance ou de l'apathie, nous n'en souffrons pas moins, car, s'il en était autrement, nous aurions alors, mais alors seulement, le droit et le devoir de crier à l'injustice.

Tous, nous avons en principe la poussée intérieure pure. Il est vrai que l'organisme de l'enfant peut éveiller en lui certains désirs transmis par voie d'ascendance, mais que l'enfant ait reçu ces tendances du fait de ses parents, ou qu'il les ait développées ensuite lui-même par sa propre volonté, il n'empêche que les erreurs auront toujours une sanction pénale. Mais, cette punition que l'on se représente toujours comme un moyen adopté par un Dieu arbitraire, dans le but de nous tourmenter et de se réjouir de nos tourments, n'est point une punition proprement dite, mais seulement parfois un moyen efficace et ignoré de nous, pour nous remettre sur la bonne voie. C'est alors l'amour central qui agit, car toute la création, depuis la force mère jusqu'à la moindre manifestation de cette force dans ses différents modes d'action, n'est qu'amour pur, amour parfait et justice dans l'amour.

Nous devons donc exercer le contrôle sur nos idées, mais pour cela il nous faut travailler et agir de manière à ce que la poussée intérieure puisse venir au cerveau en contact avec les forces cosmiques dans toute sa blancheur originelle, afin que ces forces répondent à son appel pour former l'idée pure et élevée, qui fera de nous des adeptes, des maîtres, des hommes de savoir, au lieu de nous forcer à descendre sur l'estrade inférieure où des forces identiques aux nôtres se meuvent.

Dans le chapitre suivant, nous trouverons l'explication et la valeur respective des différentes vibrations cosmiques ; nous étudierons les couleurs de ces vibrations et les moyens de les attirer à nous. Si nous avons par la méthode indiquée dans « *Le Développement de la Volonté par l'entraînement de la Pensée* », réussi à dépouiller la pensée intérieure de ses tares, en nous formant progressivement un état d'âme susceptible d'attirer les vibrations cosmiques supérieures, nous arriverons à ce point de notre évolution, de notre développement mental où nous pourrons saisir au passage les vibrations les plus élevées, et nous serons prêts à puiser dans ce grand livre de la nature dont on nous a parlé si souvent. C'est alors que nous recevrons réellement le bénéfice des connaissances sans limites que ce livre contient, car ce livre que nous concevons c'est l'idée elle-même. Cette idée sans limite, et divisée à l'infini, est répandue dans le cosmos, et c'est là ce qui explique comment une même invention peut être présentée simultanément, à la même date, par plusieurs inventeurs qui s'ignorent et habitent souvent des pays séparés par d'immenses distances.

Si nous n'avons pas encore développé cet état d'âme particulier, mettons-nous à l'œuvre maintenant, afin de pouvoir bénéficier des immenses avantages que nous exposerons en détail dans le chapitre suivant.

CHAPITRE VIII

CHAPITRE VIII

LA FORCE UNIQUE

Les forces universelles ou courants cosmiques. — Les couleurs et les vibrations de ces courants. — Comment l'homme peut les attirer à lui et s'en servir.

Les forces universelles ou courants cosmiques.

La science officielle reconnaît que notre globe n'est point isolé dans l'espace. Il fait partie du Cosmos auquel il se trouve relié par des courants cosmiques qui véhiculent les ondulations de forces connues par nous, en partie, sous le nom d'électricité, lumière, chaleur, etc. C'est ainsi qu'il existe, circulant autour et au travers de la terre, de considérables courants magnétiques allant du nord au sud, et qui pénètrent toutes choses. Ces courants magnétiques sont pour la plupart invisibles ; ils se manifestent matériellement sous forme d'aurore boréale, de lumière du zodiaque, etc. D'autres deviennent perceptibles à notre vue dans certaines conditions, dans les expériences de laboratoires faites au moyen de tubes spéciaux, où l'on on a fait le vide. Les corpuscules électriques s'y meuvent avec une très grande rapidité, communiquant au tube une luminosité considérable, ainsi que de très belles couleurs veloutées ; c'est ce qui se produit dans le tube de Crookes. Les rayons X, le radium et toutes les matières lumineuses sont une manifestation, une preuve des forces cosmiques et des courants de force éthérique.

Les courants d'éther vont du pôle nord au pôle sud en grandes bandes de lumière, au-dessus et au travers de la terre. Cette force unique de l'espace est attirée au centre magnétique de la terre, elle se manifeste par strates, sous forme de vibrations, et celles-ci sont en rapport avec les diverses densités de la matière, qu'elles traversent et mettent en mouvement.

La terre est entourée de plusieurs couches d'une substance très pure et invisible, quoique lumineuse, formant les couches inférieures. Or, quand les différentes régions de cette matière sont mises en mouvement par une force unique, elles agissent comme plusieurs forces.

Les couches inférieures étant de densité différente, conséquemment, leurs atomes vibrent à des degrés différents, ce qui fait que les courants composés de matières vibrant inégalement, n'ont pas seulement un mouvement uniforme en avant, mais ils ont aussi une vibration intérieure qui produit des couleurs aussi nombreuses et variées que les différents degrés de vibrations.

A la surface de la terre, tous les courants d'éther se trouvent ensemble et s'entremêlent, si bien que l'homme, qui est un univers en miniature, attire à lui ces forces, qui entrent par son côté droit et entraînent son aura ; quand elles ont parcouru son corps, ces forces ressortent, en partie, par le côté gauche après avoir magnétisé chaque atome du corps et du cerveau par leurs vibrations (1).

Couleurs et vibrations des courants cosmiques.

Chaque matière qui vibre à des degrés différents doit produire des couleurs différentes. Les couleurs des cinq principales forces sont perçues par les sens intérieurs ou perception mentale.

Notre œil physique, qui perçoit la lumière blanche, a besoin du prisme pour saisir les différentes couleurs dont se compose cette lumière blanche. De même notre œil intérieur ou perception mentale a besoin d'une accomodation particulière pour percevoir les différentes couleurs des forces cosmiques. Certains sujets, prédisposés ou entraînés, sont arrivés à un état de perception mentale qui leur permet de voir directement, avec leur lumière propre, les courants cos-

(1) Voir l'*Ame humaine*, du Dr Baraduc, où l'auteur nous fait connaître comment ces forces sont mesurées avec le Biomètre. Une tiers s'extériorise, les deux autres deviennent force vitale individuelle : ces deux unités constituent le capital-vie.

miques, soit lorsqu'ils traversent l'espace, soit lorsqu'ils viennent en contact avec le corps humain. C'est à leurs descriptions et aussi à l'enseignement de certaines sociétés d'adeptes que nous devons les meilleures descriptions des forces colorées. On remarquera qu'elles se confondent sensiblement avec les couleurs perçues par notre œil physique.

Ce sont, en commençant par le plus infime degré de vibration, qui est aussi le plus élevé : jaune, bleu, vert, orange ou rouge.

Dans chacun de ces principaux courants, il y a plusieurs subdivisions ; chacune de celles-ci est séparée des autres par une différence d'amplitude et de hauteur de vibrations, et par conséquent par nuances, dont la couleur prédominante distingue chaque sous-courant.

Courants universels de pensée. — *Degrés de vibrations.* — *Couleurs et états mentaux.*

Les courants d'éther à la surface de la terre, perçus comme image mentale, présentent l'aspect de plusieurs rubans de lumière colorée tournoyant dans toutes les directions et même se heurtant contre les auras de chaque personne. Vivre, c'est faire usage de ces courants, s'en servir consciemment pour notre avancement futur dans l'évolution, ou les utiliser pour des usages inférieurs, c'est faire choix de la vie que nous désirons vivre.

Il est à comprendre que, bien qu'il existe dans l'espace des courants de forces simples, quand ils ont frappé notre esprit, chaque couleur produit un degré correspondant de vibrations dans notre atmosphère mentale ou aura, et ainsi cause un désir intense dans l'état mental correspondant, car alors nous trouvons de grands courants de « forces pensées » dans lesquels se manifestent tous nos différents désirs et idées.

Nous concentrons des courants de pensées par la simple contemplation de la couleur désirée.

Il est, par conséquent, d'une grande importance que nous apprenions à nous servir constamment des courants de force éther ou force pensée universelle et de les capter lorsqu'ils nous traversent. Ceci s'accomplit par la simple représentation, ou image mentale, de la couleur du courant dont les vibrations produiront l'état d'esprit que nous désirons en fixant ensuite cette image par la contemplation. Cette concentration prolongée de la pensée sur l'image-couleur jusqu'à ce que notre aura vibre en harmonie avec ce courant, dont nous désirons nous servir, nous permettra de nous en rendre maîtres plus facilement et de nous approprier les pensées et désirs se manifestant dans ce courant particulier de la force cosmique.

Couleurs attractives et répulsives des courants.

La signification des couleurs et des courants et les désirs qui se manifestent dans chaque degré de vibrations, doivent être parfaitement compris, car les vibrations de couleurs inférieures causent l'insuccès si elles prédominent. Ceci est dû à leur nature répulsive ou antagonistique ; tandis que les vibrations supérieures assurent le succès.

Les vibrations inférieures démagnétisent les atomes du corps, produisent la maladie et ramènent les saines conceptions mentales de notre aura à un état d'esprit inférieur ; elles provoquent les erreurs de jugement et, conséquemment, la malchance dans tout ce que nous entreprenons.

Les vibrations supérieures, au contraire, magnétisent chaque atome du corps, élèvent les vibrations des organes à leur état normal et ainsi chassent les vibrations étrangères et contraires ; elles donnent à l'esprit un idéal plus élevé en augmentant les vibrations des cellules cérébrales. C'est ainsi que des idées supérieures émanent du cerveau de l'homme qui, par des efforts conscients, met en contact ces forces extérieures universelles ou cosmiques avec ses propres forces intérieures, cette poussée de l'âme ou étincelle vitale qui nous maintient en vie.

Le courant de vibrations jaunes,

Le premier et le plus élevé des courants d'éther est le jaune. Le courant vibrant avec les plus rapides et subtiles vibrations présente la couleur jaune, lorsqu'il est perçu par les sens intimes; mais, par la représentation de la couleur matérielle jaune, comme un rayon de lumière dorée, et par sa contemplation, nous pouvons attirer cette force en nous-mêmes et l'y conserver, et cela malgré qu'elle ne soit pas perceptible par le sens physique.

Le courant jaune dans le courant d'éther de l'esprit universel est la force dynamique la plus élevée et la plus grande sur cette planète. Dans ce courant se manifestent toutes les qualités de l'esprit que nous sommes à même de nous assimiler dans le degré d'évolution où nous sommes.

C'est le courant de sagesse intellectuelle, d'intuition, d'amour et de divine harmonie.

La personne dont l'esprit subjectif ou les idées supérieures ne gouvernent pas l'esprit objectif ou les désirs matériels, ne peut se mettre en harmonie complète avec ce courant. Un idéal très élevé et des pensées supérieures sont nécessaires, avant que la vision du courant mette la personne, qui désire se le représenter, à même de se figurer son immense champ d'action et d'obtenir la sagesse intellectuelle se manifestant dans ce courant. Si vous désirez l'amour altruiste dans un sens élevé et universel, représentez-vous un flux de lumière jaune dorée surmontant votre aura, et concentrez votre pensée sur cette image jusqu'à ce que vous sentiez le pouvoir merveilleux des vibrations de cette force salutaire et magnétisante.

Quand la personne qui se sert de ces courants fluidiques, aura entraîné sa pensée jusqu'à ce qu'elle en ait la maîtrise et le contrôle absolus, elle pourra alors faire usage de cette grande force spirituelle de la lumière jaune dorée, qui la protégera de tous dangers, puisque les vibrations élevées détourneront d'elle les influences mauvaises de la colère et de toutes les émotions inférieures.

L'enseignement que nous donne Jésus d'aimer nos ennemis a donc un caractère absolument scientifique, basé sur la connaissance qu'il avait de l'existence de ces vibrations et de leur fonctionnement. La basse vibration rouge de la colère, ne peut pas atteindre une personne qui projette dans toutes les directions les hautes vibrations de pensées saines et élevées. C'est pourquoi il est sage de ne pas tendre ses pensées vers la tristesse, mais de les maintenir sur des sujets sereins et calmes. Par la contemplation de ces idées de calme sérénité, nous serons à même de concentrer en nous les couleurs les plus pures du courant; ainsi nous élevons nos propres vibrations et activons notre évolution individuelle en liant intimement notre être conscient au conscient universel dans lequel nous vivons constamment.

Le courant dont les vibrations sont bleues.

Comme tous les autres courants, celui-ci se subdivise en plusieurs sous-courants, depuis le bleu indigo foncé jusqu'au pâle bleu clair de nos ciels d'automne : c'est ce courant qui agit sur nos qualités mentales.

Dans les divers sous-courants se trouve l'inspiration qui nous permet d'atteindre aux plus hautes connaissances humaines : les arts, la littérature, la musique, l'harmonie, la philosophie. C'est dans le courant et le sous-courant bleus qu'il faut chercher la réalisation des chefs-d'œuvre. Avant de pouvoir utiliser pleinement ce grand courant et s'assimiler les connaissances intuitives qui s'y manifestent, la pensée subjective de l'homme doit remplacer la pensée objective ou raisonnée : c'est à cette source que se puise l'inspiration dans l'art et dans la science.

Si vous désirez faire de la musique et commencer à apprendre cet art, attirez à vous des aptitudes spéciales par la contemplation des courants bleu-indigo foncé, couleur qui donne cette inspiration. L'inspiration pour la musique élevée doit être puisée dans les sous-courants bleus, depuis le plus élevé sous-courant, jusqu'au plus pâle.

L'inspiration musicale d'une nature moins

raffinée se trouve entièrement hors du bleu, on la trouve, soit dans le vert, l'orange ou le rouge et leurs subdivisions, suivant les sentiments ou vibrations intimes que cette musique est destinée à produire.

Le plus grand talent littéraire se trouve dans le sous-courant bleu clair. Si ce courant de grandes pensées est mis à profit, les plus belles idées des philosophes, des poètes, des auteurs de tous les âges nous pénètrent, et nous pouvons alors résoudre les problèmes difficiles de la vie.

Les plus grands poètes du passé ont été inspirés en s'absorbant inconsciemment dans la contemplation du courant bleu. En dirigeant la poussée intérieure vers ces vibrations, en se les assimilant, ils ont ouvert leur esprit à toutes les pensées sublimes, et c'est ainsi qu'ils ont pu écrire ces poèmes, à l'unisson desquels vibrent les âmes élevées qui seules savent les comprendre.

Des poètes comme Shakespeare, Milton et Emerson, ont puisé, dans la puissante force bleue, l'idée, l'inspiration qui constitue le génie. Il est vrai que quelques illustres auteurs ont leur génie de naissance; mais ce génie peut aussi s'acquérir par la concentration du courant coloré qui flue autour de notre monde; par l'assimilation des idées supérieures et un idéal élevé et pur. Nous nous lions inconsciemment à la source de toutes les inspirations et puisons en elle à pleines mains.

Pour élever constamment nos vibrations.

Contemplez l'image que vous vous êtes formée du courant bleu, et ces vibrations produites par le contact des deux forces intérieures et extérieures, iront magnétiser les cellules du cerveau, vous rendant ainsi capables d'accomplir n'importe quel exploit intellectuel.

Nous pouvons élever notre aura d'une façon permanente, mais il est nécessaire pour cela d'efforts successifs. Sans quoi, après que l'aura aura bien absorbé la couleur bleue par la contemplation, il retombera graduellement à sa couleur normale, gardant néanmoins une petite augmentation permanente du bleu acquis. C'est ainsi que l'évolution individuelle peut être hâtée, et notre état intellectuel et moral être élevé par un rapport constant avec les courants ayant les vibrations les plus hautes.

Couleur ou degré de vibrations de la poussée de vie.

Lorsque le sous-conscient est maître de ses désirs inférieurs ou pour mieux dire, lorsque la poussée de vie intérieure est pure, la couleur de ses vibrations est bleue. La mentalité objective étant verte et d'un degré inférieur de vibrations, doit être élevée pour s'unir d'une façon harmonieuse au subjectif. Le conscient et le sous-conscient formant ensemble l'individualité, c'est le but de notre évolution de permettre à ces mentalités de s'unir en permanence en un seul conscient, et d'acquérir ainsi l'immortalité. Si les vibrations de la mentalité objective sont entraînées par les vibrations rouges de la nature animale qui existe au fond de chaque homme, c'est au contraire la séparation permanente de ces deux mentalités, chose qu'il faut éviter avec le plus grand soin. La vibration bleue-verte indique que l'esprit subjectif commence à dominer l'individualité, et, à ce point, les vibrations bleues sont très désirables, car ce sont les prodromes du rétablissement de la santé et de l'harmonie d'une personne, par l'élévation des vibrations de son aura.

Courant vert d'individualisation. — Manifestation des idées, des possessions personnelles.

Le courant vert est la couleur de l'individualisation ; dans ses rayons les plus élevés point d'égoïsme, tandis que l'égoïsme est tout entier dans ses rayons inférieurs. Conséquemment, tous les désirs personnels sont perceptibles dans ce courant ; les désirs de distinction, de renommée, de richesse, se manifestent dans les courants verts.

C'est aussi un courant d'intellectualisation pure et rationnelle, lorsque l'intuition subjective ne peut pas agir comme dans certaines connaissances. Une personne peut avoir une grande mémoire pour les faits et néanmoins ne point posséder la réelle sagesse du pouvoir intuitif de l'esprit élevé.

Egoïsme dans les rayons vert foncé.

Le sous-courant vert foncé est le courant du pur égoïsme dans son aspect le plus bas. L'herbe verte d'une cascade est la couleur du courant dans lequel se trouvent tous les désirs de possession personnelle, tels que : renommée, distinctions honorifiques, position sociale ou politique, succès financier, etc., etc.

Les pensées pures et rationnelles sont dans un rayon de vert lumineux plus resplendissant et d'un degré plus haut de vibrations que les précédents. La pure individualisation, dans son aspect le plus raffiné, se manifeste dans les vibrations supérieures du courant vert pâle.

Le vert est la couleur d'individualisation au travers de tout l'univers, ainsi que la couleur prédominante des vibrations terrestres.

La planète d'individualité verte est la quatrième de la chaîne des planètes dans l'univers et elle vibre aussi au quatrième degré de l'échelle. Cette couleur particulière doit être attribuée au degré des vibrations qui la particularisent, lui font tenir la place qui lui est assignée dans l' « harmonie des sphères ».

Toutes les autres planètes qui resplendissent d'une lumière verte sont celles dans lesquelles la conscience cosmique commence à faire sentir son influence.

Sur notre terre, le règne végétal se particularise par son feuillage vert, tandis que l'homme porte sa croix sur cette quatrième planète, où il doit conquérir son immortalité avant de passer dans les vibrations bleues de la cinquième planète de la chaîne.

Les planètes dont les vibrations sont vertes sont donc, comme la quatrième planète, celles où l'individualisation de la conscience se forme avec une marche similaire.

Le courant financier. — Un sous-courant du vert.

En attirant le sous-courant vert-automnal, nous concentrons cette force en nous. Si l'on désire fortement de l'argent, le désir peut être intensifié considérablement en se servant du courant financier, l'on s'unit ainsi aux grandes forces de la nature, au lieu d'aller contre elles.

Si vous suivez les règles ordinaires de la métaphysique et faites une image définitive mentale dans le courant vert, votre désir se matérialisera ; si vous concentrez sur cette image toute votre pensée, ce désir se réalisera plus promptement qu'en voulant le réaliser sans l'aide du courant fluidique, car l'esprit individuel, pour arriver au plein développement de ses désirs, a besoin de l'aide de l'esprit universel. Comme le monde est gouverné par la loi des désirs et des réalisations mentales, vous serez à même de réaliser l'aide financière dont vous avez besoin. Mais, pour mettre cette règle en action, certaines conditions seront requises, dont la plus importante de toutes est de ne pas se livrer aux vibrations rouges. On repoussera donc les désirs inférieurs du plan animal et cela d'une manière permanente, en développant cet état d'âme spécial, qui nous permet de toujours faire ce qui est bien au bon moment.

Le cancer guéri par les rayons verts.
Les rayons « X » sont une partie de ce courant.

L'usage du courant vert est d'un grand avantage dans le rétablissement de l'équilibre psychique par les courants fluidiques de pensée. Cette force apporte dans le corps de nouveaux matériaux ou atomes et en reconstruit de nouveaux quand elle est dirigée au travers de tout le système organique soit par l'appel, soit par les projections mentales, suivant que l'on désire les employer pour soi ou faire bénéficier autrui de ces avantages.

Les vibrations fortifiantes magnétisent les atomes à nouveau, emportent les atomes démagnétisés et en forment d'autres à leur place. Les nerfs sont fortifiés et individualisés par ces vibrations dans toutes les maladies nerveuses. Elles raffermissent aussi le nerf optique dans les cas de faiblesse de la vue.

Les rayons dénommés « rayons X » font partie du courant vert; ils sont rendus visibles à l'œil par un instrument spécial; ils sont d'une aide considérable dans le traitement du cancer. Mais, s'ils ne parviennent pas toujours à guérir ce mal, c'est qu'ils ne détruisent que les microbes de la plaie et n'atteignent pas ceux qui circulent dans le sang et l'infectent. Mais, si le courant tout entier est dirigé au travers de l'organisme entier par des projections mentales, ces germes sont détruits de fond en comble et la maladie ne reparaîtra jamais plus.

Quand la suggestion est seule employée, la maladie, à des époques régulières, reparaîtra, bien que le patient, qui aura été soumis à l'influence suggestive, se croie guéri. C'est que l'effet seul aura été enrayé, mais la cause ou les germes qui subsistent dans le sang reformeront une nouvelle plaie cancéreuse. Le succès de la guérison magnétique peut donc exister là où les rayons X ont échoué. Le médecin fera pour cela usage de l'influence des courants fluidiques.

Le courant orange de la force cosmique ou force de vie universelle.

Le courant orange est la force de vie. C'est le « souffle de vie » de la bible, la « vie » du Sanscrit et de la philosophie hindoue. Ses vibrations se trouvent dans tout l'univers; toutes choses sont imprégnées et animées par elles d'une grande force de vie.

La respiration chez l'homme et chez les animaux fait pénétrer cette force dans le sang par l'intermédiaire des poumons, car cette force fait partie pour ainsi dire de l'air que nous respirons; elle est aussi tout à fait indépendante de l'oxygène; c'est elle qui crée, construit et donne les formes. Les affinités chimiques, les attractions et répulsions des atomes groupés ensemble par le jeu de leurs vibrations, tous ces phénomènes sont produits par la force de vie ou courant orange. C'est la force constructive et destructive qui maintient le corps physique en bon état ou cause la désagrégation de ses atomes; c'est, en un mot, l'essence vitale de la forme physique.

L'absorption de la force orange par la respiration a une influence bien plus favorable sur une personne en bonne santé, car elle est plus capable de recevoir et de ressentir cette force qu'une personne malade, et une personne développée mettra bien plus à profit cette force qu'une personne dont l'état de développement physique n'est pas dans d'aussi bonnes conditions.

Le courant orange est le plus utile à la croissance et au développement rapide des forces physiques, et cela aussi bien pour les plantes que pour l'homme et les animaux. Les enfants qui ne se sont pas bien développés et n'ont pas encore de vibrations vertes, sont guéris par la respiration abondante et constante d'air frais et pur, dans lequel ils absorbent graduellement la force de vie orange. C'est aussi le meilleur moyen de guérir les maladies, si l'on force l'air dans les poumons par la respiration rythmique spéciale et la respiration profonde.

Le grand courant rouge d'émotion.

Le courant rouge est celui qui vibre le plus lentement parmi tous ceux déjà mentionnés. Il y en a pourtant encore un dont les vibrations sont plus basses, mais son influence pratique est moins grande sur notre développement.

Les plaies, le feu, les catastrophes causés par les vibrations rouges et amenés par les pensées perverties de l'homme.

Les vibrations du grand courant rouge né sont pas attirées consciemment par l'homme, et cette attraction inconsciente cessera dès que nous serons devenus maîtres de nos émotions. Les vibrations rouges étant désagrégeantes et d'une nature inférieure, elles empêchent les désirs élevés de nous atteindre et les images mentales d'un idéal élevé de se former dans notre être psychique. Par sa force répulsive, le courant rouge les éloigne constamment de nous. Les personnes dont les vibrations sont basses, par suite de leur manque de maîtrise sur leurs émotions, celles qui donnent libre cours à la colère, à la crainte, aux passions de toutes sortes, attirent inconsciemment cette force répulsive, et leur aura se mélange constamment de couleur rouge; c'est ainsi, que de plus en plus, leur succès dans la vie devient difficile.

Ce courant rouge démagnétise les cellules du corps humain et cause leur désagrégation; il ne flue pas d'une façon rythmique, ainsi que font les vibrations supérieures, aussi les mauvais microbes ont toute facilité de pénétrer dans l'organisme dont les cellules sont affaiblies. C'est ainsi, et pas autrement, que se produisent la plupart de nos maladies. Si cette force répulsive démagnétisante est très puissante, la désagrégation est immédiate et peut amener l'apoplexie.

Les sous-courants du rouge.

Parmi les sous-courants du rouge est le courant rouge-brun, dont les vibrations sont mises en mouvement et attirées par nous lorsque la crainte prévaut dans notre mentalité. Si ce courant dure un certain temps, nous attirons à nous le danger que nous craignons. D'ailleurs, une personne, ayant constamment des vibrations de cette couleur, ne peut avoir aucun succès dans ce qu'elle entreprend, car toutes ses velléités passagères de s'y soustraire sont continuellement subjuguées par les vibrations contraires. Le rouge foncé est la couleur de la satisfaction des sens. Le rouge clair est la couleur des rayons des personnes colériques. Il est donc nécessaire de maîtriser la colère afin de vibrer en harmonie avec les courants dont les vibrations élèvent l'homme. Les courants rouges ne permettront jamais à ceux qui s'y soumettent d'obtenir ni santé, ni fortune, ni bonheur, c'est pourquoi il faut développer cet état d'âme appelé « volonté » qui nous permet toujours, même inconsciemment, d'attirer à nous les vibrations des courants favorables (1).

Comment capter ces courants? Nous indiquons ici notre méthode personnelle et nous engageons les expérimentateurs à se rendre compte de la simplicité de notre théorie et de la facilité des moyens psychiques à employer.

---

(1) La théorie des courants colorés n'est pas nouvelle. Enseignée, depuis la plus haute antiquité, dans les associations d'initiés, elle a trouvé une force dans l'expérimentation contemporaine. De nombreux médiums, en état de transe, ont vu les couleurs de l'aura, et le livre de M. Leadbeater a donné de ces visions des reproductions en couleurs fort documentaires. Nous avons nous-même assis notre théorie des courants cosmiques, de leur couleur propre et de leur influence sur des expérimentations, qui nous ont paru concluantes.

Comment l'homme peut attirer à lui les courants cosmiques et s'en servir.

Les courants cosmiques, se captent de deux manières différentes : 1° par l'appel ; 2° par la visualisation. L'appel est purement mental ; il est la conséquence de notre état d'âme et, des deux moyens, il est le plus efficace. Il attire en effet en nous les forces extérieures sans notre intervention consciente. Notre état mental, cause de l'appel, devra donc être perfectionné de plus en plus afin que les courants attirés soient les meilleurs, c'est-à-dire les plus élevés. La nécessité du développement de la volonté apparaît donc clairement puisque la volonté est cet état d'âme ou manière d'être qui indique que nous sommes entièrement maîtres de nos actions et de nos pensées, et que nous exerçons sur les deux un contrôle absolu.

La visualisation se fait de deux manières différentes, l'une physique, l'autre mentale.

Physiquement notre œil contemple les couleurs qui sont celles des courants cosmiques et que la nature ou l'art offre aux regards de notre corps.

Mentalement nous évoquons en nous l'image colorée des courants cosmiques et nous appelons, par là même, d'une façon volontaire, tel ou tel courant. C'est en quoi la visualisation mentale, qui est un appel conscient, diffère de l'appel, qui, lui, est une visualisation inconsciente.

La visualisation physique mène à la visualisation mentale. En effet la contemplation d'une couleur, qui est celle d'un courant cosmique, dynamise la pensée et la conduit à vouloir consciemment, à appeler le même courant cosmique.

Or, si toutes les couleurs que perçoit l'œil physique sont celles des courants cosmiques inférieurs, il est certain que notre visualisation mentale en sera affectée; l'image psychique de ces forces ressemblera en effet à l'image physique que nous avons devant les yeux. Pour nous rendre compte de ce fait, analysons ce qui se passe chez l'homme qui quitte la ville et se rend à la campagne; l'air pur, dit-on, lui donne la santé. C'est juste, nous devons admettre que l'air est un vivificateur puissant, mais le changement d'air suffit-il à expliquer cette récupération presque instantanée qu'éprouve l'homme aux occupations sédentaires, le citadin fatigué de son travail ? Oui, si la fatigue est uniquement le résultat du travail ; non, si la fatigue est partiellement due à la visualisation des choses qui nous entourent. Le changement de milieu, dans ces cas, produit autant d'effet que le changement d'air, mais comme le changement d'air est toujours accompagné d'un déplacement, l'on ne se rend pas généralement compte du fait que le changement de milieu a produit un effet immédiat plus grand sur l'état physique que l'air pur lui-même. Le contentement, la joie, une satisfaction inexplicable ressentis, est-ce l'air qui produit cette amélioration mentale ou bien la vue de couleurs nouvelles et favorables est-elle cause de ce changement ? L'on peut d'ailleurs observer un fait curieux lors d'un déménagement : le changement d'habitation est très souvent suivi d'une recrudescence d'activité et d'un sentiment de bien-être depuis longtemps inconnu. D'autre part, un changement de milieu amène souvent une grande dépression. Est-ce alors l'entourage qui est cause de cet état défavorable? Non, si les personnes sont aimables, dévouées, bonnes; néanmoins la dépression mentale persiste, même à la campagne, même au grand air, dans une certaine mesure. Personne n'a cherché à expliquer ce changement favorable ou défavorable par la couleur du paysage, des tapisseries, des meubles, des tapis, des peintures nouvelles que l'œil perçoit. C'est pourtant là que réside le secret de cette mélancolie inexplicable d'une part, de cette exubérance continue, d'autre part, que nous observons chez certaines personnes. Il est tellement vrai que les décorations intérieures nous affectent, que le changement de tapisseries dans un logement amène des changements de santé favorables ou défavorables, suivant que ces tapisseries nouvelles scintillent à l'unisson des vibrations des forces élevées ou basses, que l'on voit une ardeur nouvelle dans la physionomie de toute la famille après chaque renouvellement des décorations intérieures. La visualisation physique influe énormément sur la perception mentale, sur l'image psychique et par ricochet sur l'appel inconscient fait aux forces cosmiques. L'on peut empêcher la maladie et souvent la guérir par l'étude et le choix des couleurs du mobilier, des tapisseries dont se compose notre habitation, de même que l'on peut corriger la paresse, la mélancolie et même la neurasthénie par ce même procédé. Nous savons déjà scientifiquement que certaines couleurs agissent sur la croissance des plantes et des animaux, et l'expérience nous enseigne que le rouge excite jusqu'à la rage certains animaux. Pourquoi l'homme serait-il soustrait à ces mêmes influences ? Les couleurs dominantes dans toute habitation devront être blanc et or, entremêlées de la teinte bleue de santé ; ce trio de couleurs devra former la base de nos couleurs favorites, afin que les percevant toujours nous puissions facilement attirer à nous des vibrations cosmiques portant ces teintes. Elles formeront d'ailleurs un ensemble artistique et neutraliseront en grande partie les autres couleurs dont la nécessité ou les circonstances nous auraient entourés.

Quel est l'effet, sur l'homme de la campagne, des couleurs qu'il y perçoit et de l'air qu'il y respire? Cet effet change avec les altitudes. Si, au lieu de rester dans une vallée, nous nous transportons sur une montagne nous voyons tout autour de nous le ciel bleu, le courant de santé et le beau soleil avec ses magnifiques rayons « or », courant de sagesse qui porte en lui les vibrations cosmiques par excellence. Or les rayons de ce soleil nous pénètrent de tous côtés; par la respiration nous attirons à nous les courants oranges contenus dans l'air et nous nous trouvons dans un milieu des plus favorables à la santé physique aussi bien qu'à la santé morale; le corps et l'âme profitent de ces avantages et en bénéficient. Dans les grandes chaleurs d'été, le bord de la mer nous donne de magnifiques avantages, surtout si nous pouvons contempler le ciel bleu clair et les eaux profondes aux reflets divers du haut de ces falaises dont l'herbe possède une verdure spéciale. Tout est en effet avantageux à la santé dans les conditions que nous venons de décrire, la visualisation par l'image mentale est très facile et donne de merveilleux résultats. La visualisation des courants cosmiques au bord de la mer est des plus favorables à notre développement mental, à notre succès définitif. Elle est chose aisée puisque l'œil perçoit ces couleurs constamment et que tout y est imprégné de santé, de joie et de bien-être.

La nature nous donne un exemple frappant de l'harmonie des couleurs : par le jaune ruisselant des moissons, elle nous enseigne la sagesse, par le blanc manteau de sa neige d'hiver elle nous présente l'image de la pureté d'intention dont notre être entier doit être couvert et nous met à même d'arriver à l'immaculée conception de nos actes par l'idée noble dépourvue de tout ce qui est bas, méchant et contraire à notre bien-être et à celui des personnes qui nous entourent Cette conception pure est la clef et l'alphabet occulte du Grand-Livre de la sagesse.

Si la nature nous donne le bon exemple nous avons le grand tort de ne pas toujours le suivre. Nous ne lisons pas dans ce grand livre car nous ne voulons pas apprendre à y lire. La mode nous conduit, nous sommes ses esclaves et c'est ainsi que des êtres intelligents font fi de leur intelligence, abdiquent cette couronne de royauté en faveur d'un inconnu, dessinateur de la mode du jour. La femme, pour lui plaire, porte des vêtements qui entravent sa liberté, empêchent le plein jeu de ses poumons, resserrent dans des mailles d'acier les parties vitales de son être ; elle dirige toutes ses pensées vers la mode. En deuil, elle se couvre de crêpe et répand autour d'elle les vibrations de la maladie afin d'indiquer un regret qui serait mieux placé dans le cœur.

L'homme est poussé vers le café, les lieux de plaisirs où il fume, boit, mange à l'excès ; il jette dans les assemblées plus dignes qu'il fréquente les vibrations mauvaises de son habit noir. C'est la mode, nous lui obéissons tous ; mais quoi que l'on dise, au point de vue physique comme au point de vue moral, c'est l'homme qui, au point de vue de la santé, est le plus affecté par cet état de choses. Les statistiques prises par nous s'étendant sur une période de six ans montrent, sans l'ombre d'un doute, que le plus grand nombre de malades ne se trouvent pas parmi le sexe faible ; en effet, les deux tiers environ des chroniquement atteints par des maladies diverses sont des hommes.

Les courants cosmiques, les exercices physiques et la maîtrise de soi, qui permet de n'ingérer dans l'estomac que la qualité et la quantité d'aliments nécessaires, constituent le triple médicament qui, seul, peut nous maintenir en santé. Sachons donc permettre aux forces cosmiques de faire leur œuvre de bien en nous comme ils le font dans la nature toute entière. Un brin d'herbe ne saurait pousser sans leur secours, ni se parer sans leur intervention de ces merveilleuses couleurs qu'aucun artiste ne sait reproduire. Sans l'aide de ces forces qui sont l'émanation d'une force unique, centre d'où toutes choses émanent, rien ne saurait exister. En contrecarrant cette harmonie merveilleuse des mondes et des univers, l'homme se place hors du diapason de ce merveilleux ensemble et il en souffre. Il est l'instrument discordant contre lequel se révoltent les oreilles sensibles, il jette une fausse note dans ce magnifique concert des forces cosmiques, note qui vient faire grincer l'instrument émetteur lui-même.

Mettre un violon au diapason d'un piano demande une certaine habileté. Dans un orchestre, accorder les instruments à un diapason unique, demande à chaque musicien un certain effort. Dans un concert chaque musicien doit, en jouant sa partie, la raccorder et la subordonner à l'ensemble. La capacité qu'il déploie dans cette œuvre d'harmonie donne la mesure de son mérite et de son talent.

L'art d'accorder la mentalité humaine avec l'harmonieux concert du Cosmos est pour le moins aussi difficile que l'art d'accorder un violon. « Faire sa partie » dans le grand concert humain est au moins aussi difficile que faire la sienne dans un concert musical ou vocal. Mais, alors que le musicien, pour se rendre maître de son art, n'hésite pas à faire un long apprentissage, combien d'entre nous ont-ils fait un apprentissage méthodique leur permettant de réaliser l'harmonie nécessaire dans l'orchestre de l'humanité. Ce défaut d'apprentissage, chez la plupart d'entre nous, se trahit par les multiples désaccords que l'on peut constater partout : désaccord entres les ménages, aboutissant au divorce, désaccord dans les ateliers qui entraîne la grève, désaccord entre les peuples et leurs gouvernants qui produit les révolutions, désaccord entre les nations qui se traduit par les guerres. Mais le divorce, la grève, la révolution ou la guerre ne sont pas des remèdes à ce déplorable état de choses. La désharmonie entre les êtres, rend indistinctement malheureux tous ceux que lie la grande loi de solidarité universelle. Soumis aux mêmes lois cosmiques, traversés par les mêmes courants, nous subissons leur influence et, si des désaccords individuels se produisent, nous en

souffrons tous en commun. L'harmonie
seule peut rendre heureux l'homme, en tant
qu'individu et en tant que collectivité. Or,
cette harmonie il ne peut la créer qu'en
poussant vers le mieux son développement
individuel, en s'harmonisant, dans le bien,
le juste et le beau avec ses semblables.
Mais ce développement individuel il n'est
qu'un moyen de l'obtenir et ce moyen c'est
la culture de sa volonté, et par suite l'accord établi entre la nature et l'homme, qui
utilise à son profit les grands courants fluidiques naturels.

CHAPITRE IX

CHAPITRE IX

LE FLUIDE HUMAIN

Les forces cosmiques condensées sont la force motrice de l'organisme. — L'homme dans son rôle d'accumulateur de ces forces.

On connaît l'ingénieuse hypothèse de M. Turpin, inventeur de la mélinite, auteur d'un ouvrage qu'il a intitulé la *Formation des mondes*. Pour M. Turpin c'est l'énergie solaire qui, projetée sur la terre sous forme d'une onde (lumière, chaleur, électricité) fait tourner la terre et produit le courant magnétique terrestre(1). Ce courant de forces.

(1) = Cette force d'attraction (solaire) est purement magnétique elle dérive de l'énergie reçue du soleil (matière radiante) et varie avec elle. C'est à la réception constante de cette énergie qu'est dû le courant magnétique terrestre. Sous l'influence

de forces que nous connaissons mal ou,
pour être plus exacts, que nous ne connaissons qu'en partie sous forme d'ondes lumineuses, électriques, calorifiques, etc., ce
courant, on ne peut en nier l'existence.
Chacun a personnellement subi l'influence
des radiations solaires, au moins sous la
forme lumière, la plus facile à constater.
Mais il faut bien nous dire que nous ne per-

d'un courant électrique constant, circulant de l'Ouest à l'Est,
et qui nous arrive du soleil sous forme de lumière, chaleur,
etc., etc., il se produit des phénomènes d'induction bien
connus et analogues à ceux que l'on obtient par un courant
électrique circulant autour d'un barreau de fer doux. Le soleil
se comporte alors comme une machine génératrice ou plutôt
comme une immense pile pyro-électrique, et la terre comme
une grosse réceptrice. Suivant la position du soleil sur l'hori-
zon, l'attraction magnétique est plus ou moins forte, et l'aiguille aimantée, l'aiguille de la boussole, subit des variations
constantes dans le cours d'une journée, indépendamment de la
déclination lente qui se produit de l'Est à l'Ouest, et réciproquement, par le Nord, dans une période de temps très longue.
Les relations magnéto-électriques entre la terre et le soleil
ne font plus doute pour personne, et la terre est un véritable
solénoïde, *mais qui tourne sous l'influence de l'énergie reçue, et
non pas par elle-même comme on l'a cru et comme on l'indique en
physique*. C'est ainsi que les planètes ne sont que de gros ai-
mants sous l'influence du courant solaire. C'est par un phénomène d'induction analogue que les astres s'attirent, tout en
se repoussant par la radiation et l'arrivée de la lumière, de la
chaleur et de l'électricité ». Tunis : *La formation des mondes.*

cevons qu'une partie des radiations qui arrivent jusqu'à nous. Chacun sait que nos yeux ne peuvent percevoir qu'une certaine portion des radiations lumière, portion au-dessous et au-dessus de laquelle existent d'autres rayons invisibles pour des yeux humains. Dès lors, il n'est pas téméraire d'assurer que ces radiations qui véhiculent ce que nous avons appelé lumière, chaleur, électricité, etc., transportent également de l'énergie sous une forme que nous ignorions et que de nouveaux appareils permettent de saisir et de déceler au passage. Au surplus, et quoi qu'il en soit, cette énergie rayonnante, même considérée simplement sous les formes que nous connaissons, produit, au dire d'un homme de la valeur scientifique de M. Turpin, la rotation de l'énorme masse terrestre, tandis que sous l'influence des mêmes radiations les plantes croissent, la vie se développe, la foudre gronde, et se produisent en un mot les manifestations les plus gigantesques. L'homme seul serait-il insensible à ces forces cosmiques? L'homme seul resterait-il fermé à ces radiations? Il serait puéril de le croire, et il semble démontré que les grands courants fluidiques traversent l'homme. N'oublions pas d'ailleurs que ces courants, malgré leur force prodigieuse et leur puissance redoutable, peuvent traverser l'organisme humain sans danger pour lui. Les expériences de M. d'Arsonval ont établi que les mêmes courants électriques qui peuvent foudroyer un homme, peuvent le traverser sans inconvénient. Tout n'est qu'une question de « fréquence ». Les courants cosmiques ont, devons-nous croire, la forme et le degré de fréquence qui leur permet de traverser notre organisme sans lui nuire en aucune façon.

Mais comment ces courants vont-ils se comporter en nous?

La question qui se présente maintenant à l'idée est celle-ci : les forces cosmiques attirées par l'homme traversent-elles simplement le corps humain pour retourner à leur origine, ou bien y a-t-il arrêt de ces forces dans l'organisme? Et, dans l'affirmative, quelles formes revêtent-elles et quelles sont leurs fonctions ?

Les forces cosmiques condensées sont la force motrice de l'organisme.

A cause de son côté abstrait il existe nécessairement une grande divergence d'opinion à ce sujet. Néanmoins, le problème semble tendre à se résoudre. Il s'est fait, en effet, des expérimentations sans nombre dans ces dernières années, et nous croyons toucher de très près à la vérité en disant que les forces cosmiques, se condensant dans l'organisme humain, subissent une transformation et y deviennent une sorte de fluide vital. Ce fluide constitue la force motrice qui nous permet d'agir. C'est en se décondensant qu'il rend possible l'admirable mécanisme de la pensée et par son contact, au moment de son extériorisation avec les forces extérieures (dans le mouvement continu d'attraction, de condensation et d'extériorisation subséquente), il donne naissance à cet autre mystère : *la formation de l'idée.*

Les forces cosmiques attirées et condensées ne demeurent donc pas condensées dans l'organisme. Des expériences très sérieuses ont été faites par le docteur Baraduc, qu'une mort prématurée a enlevé à la science au moment même où il lui devenait le plus utile, expériences consignée, dans son important ouvrage l'*Ame humaine* (1). Ce savant auteur et expérimentateur nous a démontré avec l'aide de son biomètre que les forces cosmiques absorbées peuvent être représentées par « le chiffre trois ». L'emploi de ces forces, autant que les moyens dont nous disposons nous permettent de le constater, se répartit comme suit :

1° Une partie traverse le corps, lui apporte les éléments régénérateurs, lui sert de force motrice et en s'extériorisant lui emprunte certains éléments et forme l'irradiation spécifique, sympathique ou antipathique, que nous connaissons tous ;

_____

(1) *L'Ame humaine, ses Mouvements, ses Lumières*, par le docteur H. Baraduc.

2° Une partie se transforme en substance plus subtile, poussée intérieure ou courant de pensée en formation, se porte vers le cerveau où elle vient en contact avec les courants de forces extérieures et y cause le jaillissement de l'idée, cette étincelle céleste indicatrice du degré d'intelligence des individus et des races. L'idée, cette source de progrès qui a permis à la race humaine d'atteindre sa supériorité intellectuelle, est donc le produit de la force unique ; elle devient plus abondante par l'attraction ou le choix des sous-courants élevés de cette force ;

3° Une partie reste en réserve, accumulée sous forme condensée (connue sous le nom de fluide vital), réserve nécessaire au bon fonctionnement du corps humain, puisqu'elle permet l'effort intense ou supranormal de l'organisme et de la pensée. La pondération dans notre manière de penser, dans notre manière d'agir, etc., est donc indispensable si nous désirons en tout temps avoir à notre disposition une forte réserve de fluide vital ; la nécessité du calme apparaît clairement aussi comme un facteur important à notre réussite et à notre santé en général.

Cette réserve de forces explique ce phénomène curieux de la récupération physique et mentale par l'aspiration réitérée, accompagnée d'un état d'esprit spécial, aspiration qui peut être rendue encore plus effective lorsqu'on comprend le mécanisme si simple d'attraction des forces cosmiques.

Le docteur Baraduc a donné des formules exactes (1), formules qui indiquent les différents états ou manières d'être de l'être

------

(1) L'ensemble des observations qui se portent actuellement à plus d'un mille, dit le docteur Baraduc (*l'Ame humaine*) m'a démontré une première loi : la moitié du corps droit fluidique attire la vie cosmique, tandis que la moitié du corps gauche repousse ; la proportion est de 3 à 1. Il reste donc deux unités de force vitale en nous, puisque trois entrent et qu'une s'extériorise.

« C'est cette réserve qui constitue le capital vie, la somme de force vitale en nous, notre double fluidique.

« Ce corps fluidique, d'après mes expériences, basées sur sa possibilité d'extériorisation à la période dite de rapport magnétique, décrite par M. de Rochas, m'a présenté quatre centres vitaux ou puissances animiques, *archées* cérébrale, cardia-

psychique. Ce sont des états d'appel, aspirations conscientes ou inconscientes qui déterminent l'état mental, ainsi que les faiblesses de l'organisme, faiblesses connues plus généralement sous le nom de maladies. L'homme est donc un accumulateur de forces cosmiques, et la condensation de ces forces en l'homme constitue le fluide vital où il puise son énergie et qui permet la continuation de son existence terrestre. L'on voit tout le parti que pourront tirer de

---

pulmonaire, gastrique, génitale que j'ai pu extérioriser et verser d'un sujet *dans un autre sujet*.

« Ces quatre vitalités secondaires doivent fonctionner à l'unisson dans leur ordre hiérarchique, sans déficit, déséquilibre, ni invasion réciproque, de façon à fournir la note d'ensemble *harmonique* du concert vital exprimé par la formule biométrique « attraction droite, répulsion gauche », formule enregistrée à distance du corps humain où se tient l'orchestre vivant, jouant en harmonie.

« La force vitale cosmique entrant en nous s'y *condense*, s'y *spécialise*, s'y *totalise* ensuite, donnant l'impulsion vitale, c'est-à-dire *l'intelligence et le mouvement dans la concrétion chimique, à cette colonie de cellules, à cette hiérarchie de consciences*, suivant l'expression de Maine de Biran; le tout sous l'œil formateur et directeur de l'esprit divin.

« La relation entre la pénétration de la force vitale de l'Od en nous et l'extériorisation de notre force psychobique, fournit la notion du mouvement de vie normal ou anormal qui se

ce merveilleux arrangement les personnes qu'intéresse le problème de la longévité.

Dans son ouvrage, *Le fluide humain*, M. le comte de Tromelin nous montre cette accumulation sous forme de fluide unique s'échappant du thorax. Cette opinion est, elle aussi, basée sur une expérimentation très sérieuse; on pourra d'ailleurs s'en ren-

---

passe dans notre corps, de l'état de santé ou de maladie de notre âme vitale.

« L'âme humaine physico-psychique peut être interprétée, dans les sept manipulations capitales de sa respiration fluidique, de sa communion avec l'invisible: *l'Âme du monde.*

1° Dans ses *états* par ces trois formules :

Main droite attire : Main gauche attire. Att./Att. (1).

Main droite O: Main gauche O.... 0/0 (2).

Main droite repousse: Main gauche repousse rep./rep. (3).

2° Dans ses *mouvements intimes complets* :

Main droite : Main gauche.

Att.: Rep...... att /rep. (4).

Rep.: Att...... rep./att. (5).

3° Dans ses mouvements arrêtés, incomplets, déséquilibrés :

$$\left.\begin{array}{l} \text{Att./0.} \\ \text{0./Att.} \end{array}\right\} \quad \text{Att/0} + \text{0/Rep} = \text{M}^t \text{ reconstitué Att/Rep. (6).}$$

$$\left.\begin{array}{l} \text{Rep./0.} \\ \text{0./Rep.} \end{array}\right\} \quad \text{Rep/0} + \text{0/Att} = \text{M repris Rep/Att. (7).}$$

« Trois mouvements similipolaires ou états d'âmes, deux mouvements complets ou deux mouvements déséquilibrés, sept manifestations animiques ou neuf formules principales comportant huit autres formules secondaires: l'ensemble confirme le chiffre 17 pr alablement cité. (Voir *La Force vitale*.)

dre compte en lisant son ouvrage (1). La poussée centrale dont il est parlé au chapitre X de ce livre et qui constitue la cause de la pensée individuelle doit donc trouver son origine dans le thorax. Une partie de cette force, lorsqu'elle est mise en mouvement, descend vers le plexus solaire, tandis qu'une autre se porte au cerveau où elle appelle et vient en contact avec les forces extérieures; ce mouvement de décondensa-

---

« Il faut retenir une âme spirituelle et sept mouvements animiques, sept types spiratoires.

« Allure. -- La formule biométrique présente une allure qui est celle même de nos mouvements intimes dont elle reproduit l'amplitude, la lenteur, la rapidité, la fixité ou l'oscillation dans le déplacement de l'aiguille, quel que soit le chiffrage observé.

« Cette allure se remarque dans les états de double attraction neurasthénique, de double répulsion expansive, dans les mouvements complets d'attraction et de répulsion ou dans les mouvements arrêtés de névrose.

« En nous, à l'état normal, l'âme vitale décèle son égalité et sa bonne vitalité, par l'équilibre entre l'attraction droite et la répulsion gauche.

« Ce type de formule $Att^5 = Rep\ 5$ est celui du corps équilibré dans ses manifestations matérielles, morales et dans la hiérarchie de ses puissances animiques (Dr Baraduc : *l'Ame humaine*).

(1) *Le Fluide humain, ses lois et ses propriétés*, par O. de Tromelin.

tion est commandé par la volonté ou état d'âme et détermine la valeur de l'homme en le rendant maître de ses entreprises, de son maintien et de sa manière d'être extérieure tout entière.

Les expériences du docteur Baraduc et de M. de Tromelin et les résultats obtenus avec les deux appareils de leur invention : le biomètre et le gyromètre, peuvent s'interpréter comme suit.

On peut comparer le courant cosmique à un aliment dont l'homme se nourrit. Le courant cosmique, appelé ou visualisé, pénètre dans le cerveau que l'on peut assimiler à un estomac psychique dans lequel le courant subit sa digestion. Vient ensuite l'assimilation, c'est-à-dire le transfert de la vibration idée dans le grand réservoir de l'expérience acquise, c'est-à-dire la mémoire, source de notre raison.

Le thorax, d'après les expériences de M. de Tromelin serait le point d'où s'échapperait en plus grande abondance, le fluide accumulé. On peut concevoir, en effet, que le cœur, par ses battements rythmiques, envoie constamment au cerveau le fluide d'appel, attirant ainsi et conservant la vie dans l'organisme. Dès lors, la région du cœur est le siège d'une incessante activité qui se traduit par une expansion de puissance fluidique.

Au surplus cette force se trouve répandue dans le corps tout entier. Pour le docteur Baraduc ce sont les mains qui permettent le plus facilement de se rendre compte du mouvement fluidique extériorisé. Mais, comme l'écrit très bien M. de Tromelin, le fluide animal doit être une force qui est liée aux phénomènes les plus intimes de la vie et M. de Tromelin considère que, suivant les phénomènes auxquels le fluide participe en s'y associant, suivant les régions où se passent ces phénomènes, le fluide vital présentera des modalités particulières et des propriétés diverses. De même que la lumière se décompose en rayons chimiques, calorifiques, lumineux, qui se réfractent différemment dans le prisme, de même le fluide vital se diversifiera dans ses modalités et nous présentera, quoique unique, des formes et apparences diverses.

Nos expériences personnelles nous ont conduit à une hypothèse qui, sans modifier en rien les théories admises, facilite, la compréhension de l'ensemble des phénomènes constatés. Comme nous l'avons dit, tout le monde admet l'existence des radiations cosmiques et notamment de celles qui nous viennent du soleil, radiations dont certaines ont été perçues par nos sens ou par nos appareils, tandis que les autres, en plus grand nombre, nous restent encore inconnues (sauf à les découvrir peu à peu, comme on l'a fait récemment pour les rayons X, pour le radium). On ne peut nier que ces radiations traversent notre organisme. Il est nécessaire de supposer que le passage de ces radiations à travers notre organisme ne peut s'effectuer sans produire un résultat. Mais d'autre part on peut considérer notre corps comme une pile en employant le mot dans son sens le plus général : pile thermique ou pile chimique, la pile humaine existe. Elle s'alimente avec les radiations accumulées dans les nourritures qui elles-mêmes sont le produit des radiations cosmiques. La pile humaine produit de l'électricité et aussi d'autres fluides non encore catalogués et dénommés. La rencontre entre le courant cosmique et notre courant individuel (1) doit donner un courant sinon nouveau, du moins participant des qualités de l'un et de l'autre. Car si le courant cosmique nous influence indubitablement, nous influençons incontestablement le courant cosmique. Nous l'appelons ou le repoussons comme deux électricités s'attirent ou se repoussent, suivant qu'elles sont de même nom ou de nom contraire. Une fois appelé en nous, avec plus ou moins de force, le courant cosmique, mêlé à notre courant individuel est plus ou moins chargé de nos radiations et, si nous sommes parvenus à imprimer à nos radiations personnelles une force particulière, on peut, on doit supposer que cette force agira: 1° en modifiant la portion du courant cosmique qui reste en nous ; 2° en modifiant la por-

_____

(1) Notre courant individuel n'est autre que le courant cosmique approprié et accumulé en nous. Il y a unité d'origine et force unique.

tion du courant cosmique qui va s'échapper de notre individu, s'extérioriser et recommencer sa course à travers l'espace.

Ce fluide vital s'extériorise sous forme d'onde et sous forme de courant continu. Dans son travail d'extériorisation, ce fluide est apparemment soumis aux mêmes lois que l'électricité, car cette dernière se manifeste sous forme de courant continu à travers les fils conducteurs et sous forme d'onde, sorte d'évaporation que nous sommes convenus d'appeler magnétisme. Or, plus le diamètre des fils conducteurs est grand, plus le courant d'électricité est fort et l'irradiation puissante. C'est d'ailleurs sur ces ondes ou irradiations magnétiques que repose le principe de la téléphonie sans fil. Le développement musculaire de l'homme doit donc jouer un rôle dans la détermination du courant de fluide vital qui s'échappe de l'organisme comme le diamètre des fils électriques détermine le courant électrique qui les traverse. Le magnétisme positif et négatif dont il est parlé dans les théories mesméristes pourrait bien n'être qu'un courant plus fort s'échappant de la main droite, moins fort de la gauche ou *vice versa* suivant que le bras droit ou le bras gauche est le plus développé. Il est à espérer que sous peu nous possèderons des appareils perfectionnés permettant de résoudre ce problème d'une manière définitive. A ce propos, nous devons dire qu'en employant l'appareil de M. le comte de Tromelin, décrit dans son livre, *Le fluide humain*, l'on pourra faire une démonstration intéressante dans ce sens.

La pensée, dont nous avons étudié le mécanisme dans un chapitre précédent, ou plutôt la poussée extérieure qui est la première manifestation de la pensée, doit donc être la voie par laquelle l'idée conçue au moment du contact des deux forces, intérieure et extérieure, pénètre vers ce fluide vital unique et y cause une augmentation d'activité ou y ramène le calme, suivant que l'idée est formée par le contact avec l'un ou l'autre des sous-courants cosmiques indiqués par leur couleur respective.

L'homme dans son rôle d'accumulateur des forces cosmiques.

Et ici nous devons mentionner l'influence qu'exerce l'homme sur son semblable. L'excitation intérieure, comme nous avons tous pu nous en rendre compte en maintes occasions, se calme plus vite sous l'influence des paroles douces et le raisonnement pondéré d'un ami, que si l'homme est laissé à ses seuls efforts. Dans ce cas, la pensée excitée est ramenée au diapason de la pensée étrangère calme et pondérée et elle peut de nouveau reprendre son indépendance. L'homme qui par un entraînement méthodique a acquis la maîtrise de soi n'a pas besoin de ce concours étranger, il est toujours calme, car il a su mettre son état d'âme ou sa pensée au diapason des courants cosmiques correspondant à cet état.

C'est dans ce mode d'action des forces intérieures et extérieures, qui ne sont en somme qu'une force unique, que se trouve l'explication du phénomène de la télépathie. S'il nous est possible d'attirer à nous et de capter tel ou tel courant cosmique et si ce même courant a pu être attiré et imprégné de la pensée et du caractère personnel d'un autre être humain, il s'ensuit que deux ou plusieurs personnes s'entendant pour communiquer télépathiquement entre elles, cette communication aura lieu : 1° en visualisant un courant cosmique prédéterminé ; 2° en mettant leurs pensées au même diapason et en harmonie avec le courant. Le message télépathique sera alors transporté sur ce courant cosmique à destination et reçu par la personne qui attend le message. Comme ces courants existent et touchent partout, plusieurs personnes pourront donc communiquer ainsi entre elles, et une seule personne pourra aussi communiquer avec des milliers de ses semblables par le même procédé. Elle pourra ainsi donner de sa vie psychique, sans perdre en quoi que ce soit de sa propre force.

L'homme qui désire communiquer télépathiquement avec ses semblables doit s'entraîner au préalable, de manière à pouvoir toujours attirer à lui les courants supérieurs de sagesse et de santé. Il pourra ainsi se servir de ces courants comme il se servirait d'un autre moyen de locomotion et envoyer à une destination choisie l'idée conçue. Dans l'échange d'idées par les courants cosmiques nous trouvons aussi l'explication du phénomène d'idées identiques conçues par des personnes étrangères que sépare les unes des autres une distance de milliers de kilomètres; c'est de la télépathie inconsciente par la captation de courants cosmiques imprégnés de cette « vibration idée ». Celle-ci, comme on le voit, peut être interceptée par tout cerveau vibrant au même diapason sans pour cela empêcher la réception du message par la personne à laquelle il est spécialement destiné. Cette théorie nouvelle peut donc expliquer bien des choses restées mystérieuses jusqu'à ce jour; elle permettra de faire reproduire consciemment nombre de phénomènes jusqu'ici restés inexplicables.

L'extériorisation des forces intérieures a été étudiée par le savant colonel de Rochas, les idées émises par lui sur ces phénomènes et les démonstrations subséquentes qu'il en a faites sont restées célèbres dans les annales de la psychologie ; elles ont pris le monde par surprise et ont laissé sur les psychologues contemporains une très profonde impression.

Le docteur Baraduc, continuant ces recherches dans un ordre un peu différent, a pu, lui aussi, démontrer physiquement l'extériorisation du fluide humain par le biomètre et l'enregistrer sur la plaque sensible. Il a publié de nombreuses photographies hors texte dans *L'âme humaine*, ouvrage que chacun lira avec profit. L'explication du phénomène de la télépathie donnée ci-dessus peut donc être considérée comme parfaitement rationnelle. Il y a une autre raison qui milite en faveur de l'acceptation de cette théorie, c'est le fait que ce mode de transport de la pensée est employé depuis 1902 par l'auteur lui-même. Par ce système ou méthode, des résultats immédiats ont été obtenus chaque fois que le ou les correspondants télépathiques avaient réussi à se mettre en harmonie avec le télépathe. Nous pouvons donc dire que si le phénomène n'est pas expliqué à la satisfaction certaine de la science officielle, la méthode elle-même possède au moins l'avantage d'être pratique puisqu'elle donne des résultats positifs chaque fois que les éléments nécessaires à la réussite existent entre les personnes se livrant à l'expérience. Bien des théories ont été et sont admises, quoique non matériellement démontrées ; telle vérité scientifique que l'on croyait assise sur une base inébranlable tombe demain devant une évidence nouvelle. L'explication du phénomène « télépathie », telle que nous venons de la donner, doit être sérieusement accueillie, car les résultats obtenus justifient l'attention des expérimentateurs les plus éclairés.

Citons maintenant quelques cas de télépathie : les uns seront particulièrement intéressants à cause de la distance qui séparait les deux parties, les autres par les très intéressantes manifestations qui se sont produites durant l'effort commun. Un premier cas de télépathie transatlantique préparé près de deux mois d'avance, à cause de la longueur des correspondances nécessitées par cette préparation, remonte à l'année 1903 et eut lieu entre M. Charles Lancelin, de Paris, auteur bien connu en France et expérimentateur psychique qui ne veut accepter comme concluantes que les démonstrations rigoureusement scientifiques, et l'auteur de ce livre. L'heure choisie était 10 heures du soir, heure de New-York, le message télépathique étant expédié de la ville de Rochester, heure qui correspondait à 3 heures du matin à Paris; M. Lancelin était en villégiature.

Afin de rendre l'expérience aussi difficile que possible, plusieurs messages d'une nature différente furent expédiés; un seul a été reçu. Il consistait en ce simple commandement : « Prenez un crayon ». M. Lancelin prit, en effet, un crayon et se mit à corriger les dernières pages de son ouvrage l'*Histoire mythique de Shatan*. Or, fait à remarquer, cet écrivain corrige toujours ses épreuves à la plume. D'un autre côté, l'expéditeur du message, auteur de la présente étude, ne prétend nullement posséder ce que l'on appelle le don de seconde vue ; néanmoins il put décrire : 1° la position occupée par M. Lancelin pendant la séance de télépathie, son état de pâleur très prononcé et indiquer une douleur au bras dont M. Lancelin souffrait en ce moment. Tout ceci fut reconnu exact par M. Lancelin. La conclusion à tirer de cette expérience transatlantique, la première de ce genre qui nous soit personnelle, est que le penser des deux expérimentateurs était au même diapason. Tous deux se sont expédié mutuellement des messages. Le premier, message inconscient, indiquant la position inclinée, la pâleur du visage et la douleur ressentie, et le deuxième ordonnant de prendre un crayon et d'écrire, message voulu et conscient. Depuis cette époque un grand nombre de messages télépathiques ont été expédiés à travers l'Océan, en France, en Allemagne et autres pays d'Europe ; d'autres ont été envoyés dans l'Amérique du Sud, dans les Indes orientales, de fait dans toutes les parties du monde, et cela avec grand succès chez les uns, succès médiocre chez les autres et sans succès perceptible chez quelques-uns. Tous ces messages avaient pour but la transmission de la santé par voie télépathique. Afin de bien indiquer le but proposé, ces messages à travers les espaces ont reçu le nom de « téléradiopathie ». Ces messages téléradiopathiques ont été projetés par milliers quatre fois par jour à des heures bien déterminées, heures favorables à cause de l'activité plus grande à ces heures des courants cosmiques. Les heures choisies ont été reconnues être les meilleures pour l'expédition de ces messages par le docteur Baraduc lui-même qui a pu constater le moment favorable au moyen de son biomètre et juger des effets en se soumettant lui-même et en soumettant certains de ses malades à cette forme de traitement. Afin de rendre plus facile la réceptivité des nombreuses personnes malades qui cherchent à obtenir la santé par ces messages téléradiopathiques, la photographie de deux yeux, photographie saturée de fluide humain et polarisée, est donnée au malade, celui-ci place devant lui cette image pendant les heures indiquées, ce qui lui permet de venir en contact plus intime avec les sous-courants cosmiques de santé mis en mouvement aux heures indiquées par un état d'appel et de projection provoqués par la volition de l'opérateur.

Il était évidemment intéressant de savoir si ces projections volitives étaient réelles, si la théorie émise était juste, si en un mot l'on pouvait par un appareil quelconque se rendre compte exactemenf de leur existence. Voici ce qui lut fait, comme vérification par le docteur Baraduc lui-même. Sceptique comme tous les savants, malgré une première épreuve, il désirait se rendre compte avant d'admettre les possibilités si surprenantes que nous venions de lui exposer, il voulait voir par lui-même. Nous nous sommes soumis très volontiers à ses désirs, et il lut fait tout d'abord un examen mental de l'auteur dont il nous a communiqué les résultats par écrit accompagnés d'un schema qui montre cet état mental (1). Nous nous sommes soumis ensuite à une deuxième épreuve photographique. Les résultats ont été assez concluants, croyons-nous, pour nous engager à reproduire ces clichés afin de montrer que l'effort volitif et l'appel aux forces cosmiques mettent en mouvement ces forces et que la plaque sensitive d'un appareil photographique peut les enregistrer. Nous avons eu l'extrême plaisir de voir notre théorie acceptée par le docteur Baraduc.

Etudions d'abord la photographie n° 1. Ce portrait de l'auteur représente la double manifestation *d'appel* et de *projection*. Les forces cosmiques, par un puissant appel, tombent tout autour, pénètrent et remplacent la réserve de fluide employée par un effort supra-normal de force pensée qui s'extériorise sous forme de volutes très fines semblables à des fils s'échappant du cerveau à sa partie antéro-supérieure gauche.

---

(1) Cet état est décrit dans un rapport publié à la suite d'un rapport officiel sur la téléradiopathie ou méthode Manu signé de MM. les docteurs Moutin, Paul Dujardin de Regla et S. Fugairon, de la Faculté de médecine de Paris.

Cette photographie a été prise à dix heures du matin, heure des projections télépathiques à laquelle participent en vaste majorité les nombreux malades qui suivent le traitement téléradiopathique employé à l'Institut Mann à titre de démonstration.

Cette photographie a été prise par M. Lavenue, dans le cabinet de travail de l'auteur, sans préparations spéciales, et dans le seul but d'obtenir une photographie ordinaire. Trois autres photographies de trois personnes différentes ont été prises dans ce même cabinet, à la même heure, par le même photographe. Les plaques de ces trois dernières n'ont enregistré aucun phénomène, les portraits étaient parfaitement clairs, tandis que la plaque Mann était recouverte d'un voile transparent. M. Lavenue, désireux d'obtenir une bonne photographie, revint avec son appareil quelques jours plus tard, dans l'après-midi. A titre de vérification, dans le cas où ces phénomènes se reproduiraient, plusieurs portraits furent pris de diverses personnes, et, pas plus que la première fois, les plaques ayant servi pour les autres per-

sonnes ne portaient de marques de phénomènes ; celle qui avait servi pour le portrait
Mann, au contraire, montrait comme un trait
de lumière horizontal (appel) et une sorte
d'irradiation du même côté se dirigeant
parallèlement vers l'extérieur (projection,
voir figure n° 2.)

Comme l'on peut s'en rendre compte, les
forces photographiées sont doubles, l'une
d'appel venant de l'extérieur vers la tête,
l'autre d'extériorisation ou de projection. Si
ces photographies ne suffisent pas pour établir scientifiquement les théories sur la télépathie émises dans cet ouvrage et ne constituent pas réellement la photographie de la
force pensée dans ses divers modes d'action et de manifestation, elles présentent
néanmoins un intérêt suffisant pour activer
les études dans ce champ si nouveau. Or,
les malades qui se soumettent à ces projections de pensées ressentent durant les
heures de projection télépathique des effets
très marqués, à tel point que les uns sont
immédiatement soulagés de souffrances
parfois atroces, tandis que d'autres sont

complètement guéris après une première séance. Ceux au contraire qui ne réussissent pas à mettre leur pensée au diapason du souscourant bleu de santé ne ressentent aucun effet de ces projections.

La photographie enregistrant des manifestations spéciales durant les heures de projection télépathique, rapprochée des nombreux faits significatifs rapportés par les personnes qui suivent ce traitement, semblerait prouver, sinon d'une manière péremptoire la réalité de la télépathie et sa valeur thérapeutique, du moins la vraisemblance de notre théorie de l'action des forces cosmiques sur l'homme. Les expériences de télépathie, nous les faisons journellement et par milliers ; il est loisible à chacun de se livrer à une expérimentation semblable afin d'établir si réellement notre théorie est exacte.

L'extériorisation de la personnalité psychique est possible, elle aussi ; elle doit emprunter le même véhicule pour se manifester, c'est-à-dire les courants cosmiques; or, comme plusieurs personnes, habitant des pays différents ont pu percevoir les traits du téléradiopathe en même temps, et recevoir les bénéfices et les effets bienfaisants de la bonne pensée projetée à des distances de milliers de kilomètres, la téléradiopathie devrait être considérée comme une réalité, alors même que la théorie sur laquelle l'a basée l'auteur ne serait pas encore scientifiquement reconnue exacte.

D'autres photographies ont été prises successivement à intervalles irréguliers sous forme d'instantanés afin de voir si les manifestations se répéteraient. Le cliché n° 3 en est un exemple. Cette photographie, et de même celle du cliché n° 4, ont été prises à l'insu de l'auteur durant ses heures de travail et d'étude. La photographie n° 3 représente la boule mentale, elle est placée directement au-dessus de la tête, dans un état de repos, tandis que tout autour, et surtout sur l'avant-bras gauche, se trouve une manifestation de force extériorisée dans son mouvement ascendant.

Dans la figure n° 4 la boule mentale illumine le front, tandis que des bandes de lumière ou courants cosmiques paraissent relier le corps aux forces de l'espace.

Dans la figure n° 5 c'est un moment d'intense réflexion : la boule mentale persiste et les bandelettes de force lumineuse s'illuminent davantage et se multiplient.

Comme contrôle, nous avons deux autres photographies instantanées que nous jugeons inutile de reproduire.

Ces deux instantanés ont été pris au moment de la mise au travail. A ce moment l'on frappe à la porte, quelqu'un entre, et pendant que la conversation s'engage un léger bruit se fait entendre, c'est le déclic de l'objectif, une photographie vient d'être prise. L'opération se renouvelle au moment même où la personne sort. Ces deux instantanés n'ont enregistré aucune manifestation psychique. Les forces psychiques ne se manifestent donc que lorsque la pensée se traduit en force active par l'effort d'extériorisation ou d'appel.

Le n° 6 est une photographie, la seconde d'une série de trois, prise le 19 avril 1910, à neuf heures moins vingt du soir. La durée

FIG. 1.

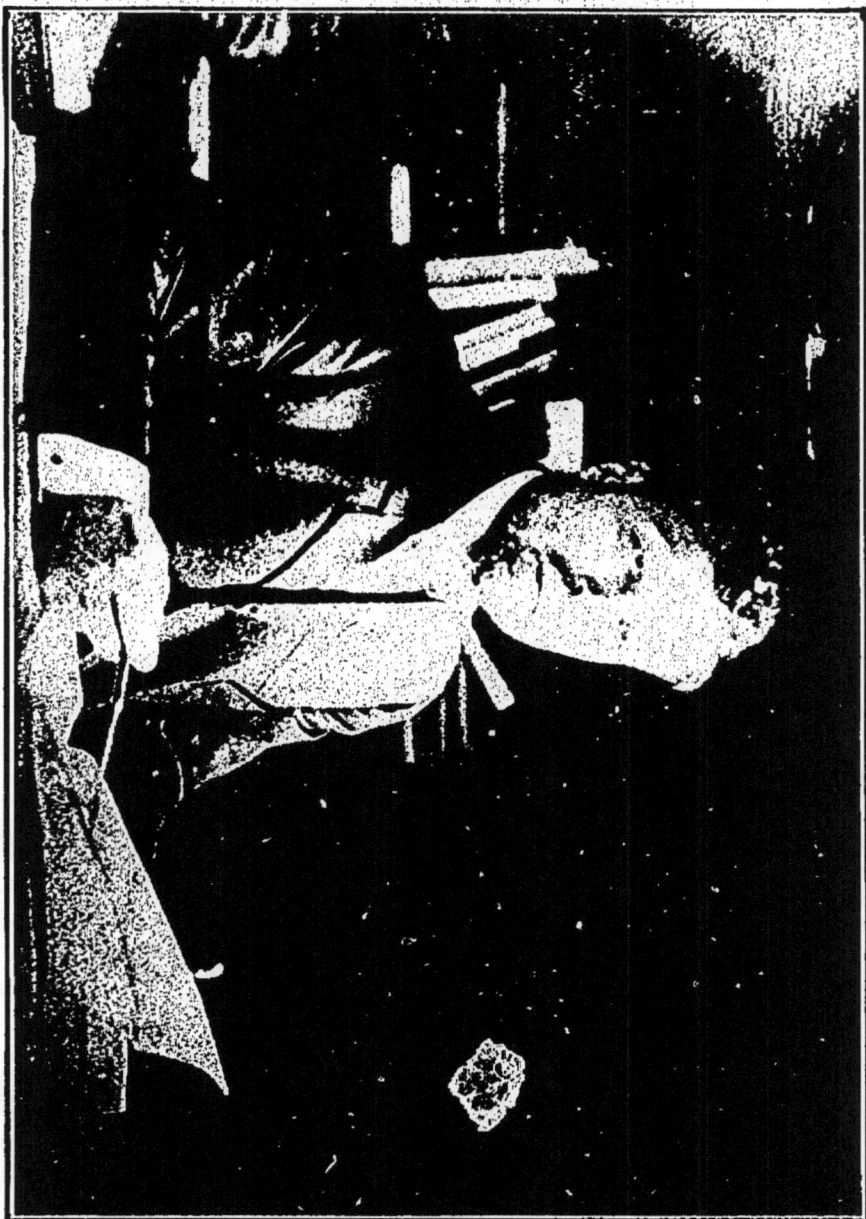

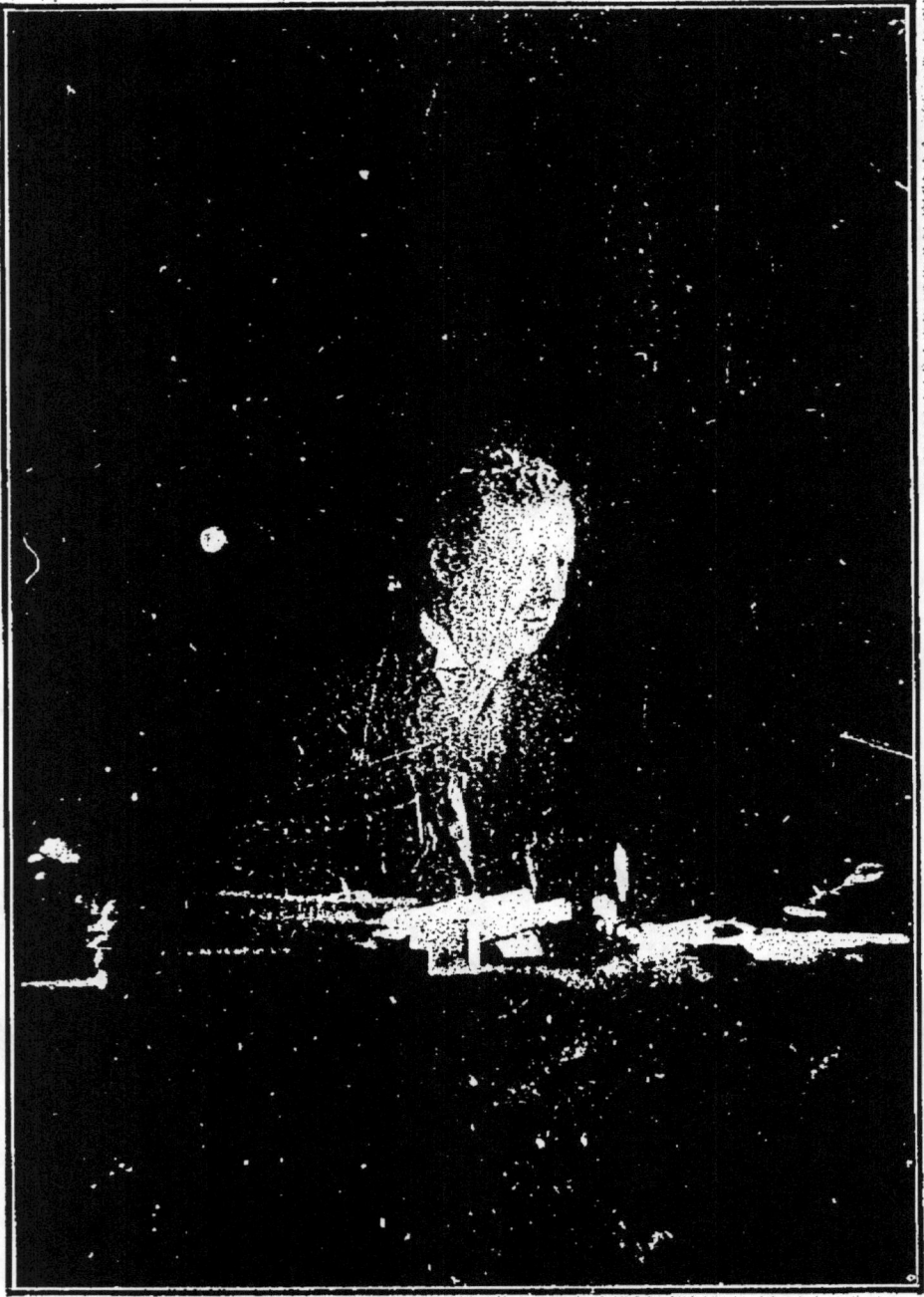

FIG. 4.

FIG. 5.

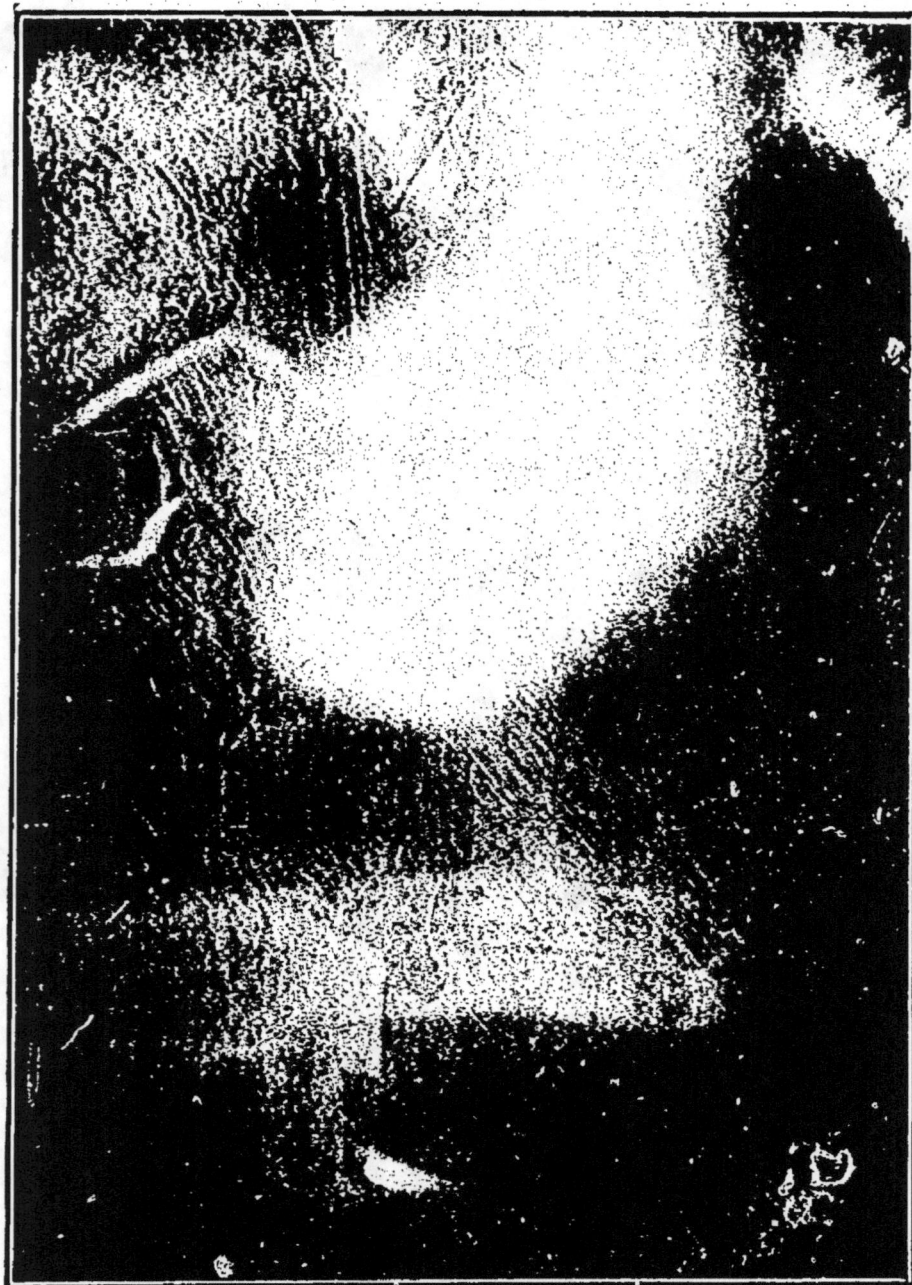

FIG. 6.

de l'exposition était de huit minutes, la chambre entièrement obscure, pas un rayon de lumière ne pouvait y pénétrer ; le fauteuil sur lequel était assis l'auteur de ces ouvrages était lui-même recouvert d'une toile noire mate. Cette photographie présente des phénomènes de phosphorescence qui ne s'obtiennent pas ordinairement, et qui n'ont pas été obtenus dans les deux autres photographies, dont l'une a précédé et l'autre a immédiatement suivi le n° 6. Aucune trace de phosphorescence dans ces deux dernières. Le n° 6 au contraire indique une phosphorescence très accentuée surtout dans la région du thorax ; elle est dus aux radiations directes de la réserve du fluide humain accumulé dans cet endroit. D'après la théorie de M. le comte de Tromelin, théorie déjà citée, qui est aussi la nôtre, le thorax est le centre de la vie humaine d'où émanent les différentes manifestations magnétiques et autres (1). Au moment de cette pose le modèle se livrait à un travail mental,

(1) Voir plus haut, pages 184, 186.

analogue à celui d'une séance de télépathie et c'est ainsi que cette force effervescente fut mise en mouvement et saisie par l'opéteur. La figure, assez nette à la partie supérieure du cliché, paraît projeter des effluves phosphorescents qui se dirigent à droite et à gauche, sous formes d'ondes ou vibrations et illuminent certaines parties de la pièce obscure, tout en laissant les autres dans le noir. C'est ainsi, semble-t-il, qu'il serait possible d'expliquer pourquoi la tête seule apparaît nettement dans le cliché.

Autre remarque intéressante : c'est toujours sur le côté droit de la tête et surtout sur le front au-dessus de l'œil droit que se manifeste cette lumière, sauf sur la photographie n° 2 où le point lumineux est plutôt visible dans les cheveux.

Nous n'avons pas la prétention d'affirmer que ces photographies puissent établir sans discussion la valeur thérapeutique de la télépathie, mais elles présentent un réel intérêt : elles constituent un commencement de preuve, et, s'il est permis de douter, ces doutes seront bien près de se dissiper chez les incrédules si ces derniers veulent bien expérimenter au lieu de s'en tenir à la négative pure et simple.

La science matérialiste qui n'a jamais contribué aux découvertes réalisées dans le domaine psychique pur aura ainsi le loisir de satisfaire à son besoin de preuves matérielles indiscutables, en consacrant ses moyens d'action à des recherches qui ont leur utilité comme leurs charmes, et qui permettront de porter la discussion sur le terrain solide de l'expérimentation.

CHAPITRE X

CHAPITRE X

*La Science chrétienne. — Pas de guérison
sans la foi.*

Il nous reste maintenant à traiter une question importante: elle a trait à la valeur thérapeutique de la foi. Pas de question plus discutée. Beaucoup en accueillent le simple énoncé par des haussements d'épaules, des rires ironiques; ceux-là considèrent la foi comme n'ayant d'effet que sur les faibles d'esprit. Cependant la « foi » est un des moyens les plus employés par ceux qui guérissent.

Il n'est pas de pays qui ne possède un ou plusieurs guérisseurs utilisant comme seul

médicament la combinaison « foi et amour ».
En Belgique, nous avons « Antoine » pour
qui l'amour découle de la foi. Antoine, le
guérisseur, c'est le titre sous lequel il est le
mieux connu, a ses disciples, ses croyants.
Comme ses prédécesseurs et ses contemporains, il a connu les succès et les insuccès;
comme eux, il a ses admirateurs et ses détracteurs et cela suffit pour démontrer que
ses idées sont personnelles, qu'il ne craint
pas de vivre conformément à ses croyances
et de partager son savoir avec ses semblables.

La Science chrétienne.

En Angleterre, mais surtout aux États-
Unis, les guérisseurs sont fort nombreux;
tous s'appuient sur une sincère conviction
pour affirmer que la foi possède une très
grande valeur thérapeutique; ils n'hésitent
pas à affirmer que toute guérison, quelle
qu'elle soit, est due, uniquement, à la foi
et non à l'emploi d'un médicament quel-

conque. Les guérisseurs d'Amérique se servent de la méthode « christique » et s'appuient sur cette parole attribuée à Jésus : « Par la foi l'on transporte des montagnes ». Ils ont formé de petites églises, ils ont des fidèles en plus ou moins grand nombre et se choisissent des noms différents afin de se distinguer les uns des autres, car si la foi et l'amour constituent la pharmacopée des uns et des autres, chacun d'eux conserve son indépendance et fait le bien comme il le comprend. L'une de ces églises, d'abord toute petite, a grandi en puissance et n'a pas craint de se poser en rivale de l'Église romaine. Cette église est connue sous le nom de *Christian science* c'est-à-dire la *Science chrétienne* et fonctionne partout ; à Paris même existe une de ses chapelles. Par son organisation hiérarchique, par l'autocratie de son enseignement, son pouvoir central infaillible et les millions d'adhérents qu'elle possède, la *Science chrétienne* a acquis une importance considérable. Cette grandiose organisation a été fondée par une femme, Mᵐᵉ Eddye, aujourd'hui âgée de plus de quatre-vingts ans. La fondatrice est demeurée le Pape incontesté de cette organisation, dont le centre est à Boston, aux États-Unis. Dans cette ville s'élève un temple magnifique consacré au culte de la Science chrétienne. Cette nouvelle église possède aussi, à Boston, une vaste imprimerie d'où sort une littérature consacrée uniquement à l'exposé des doctrines de la fondatrice ; un seul temple érigé dans la ville de New-York a coûté près de vingt millions de francs. Comme les autres religions, celle-ci possède son livre de dogmes intitulé « Science and « Health With Kye to Scriptures », c'est-à-dire « science et santé avec la clef des écritures saintes ». A l'heure présente, cette église possède plus de cinq millions de fidèles. Si nos ancêtres ont eu la foi qui sauve, s'ils ont construit de magnifiques basiliques et de pompeuses cathédrales, cette même foi sait encore, au vingtième siècle comme jadis, remuer des montagnes d'argent pour bâtir des églises et élever des temples à une idée. Nous avons en ceci une preuve de la puissance de la foi et des grandioses manifestations dont elle est capable. Ceci, bien entendu, ne démontre pas sa valeur thérapeutique ; nous y arrivons, mais avant d'examiner si la foi peut guérir, voyons dans quel but a été fondée cette église appelée « Science chrétienne » et pourquoi elle a réussi à se créer tant d'adhérents en l'espace de vingt-cinq à trente ans. Cet examen nous permettra aussi de comprendre pourquoi elle a pu s'asseoir sur des bases solides, bases que la puissante organisation médicale des États-Unis n'a jamais pu ébranler. Les deux cent mille médecins des États-Unis non seulement n'ont pu rien contre elle, mais les différentes législatures, les juges et le barreau l'ont toujours soutenue à cause des merveilleuses guérisons obtenues par son intermédiaire.

Mme Eddye, ancienne institutrice, conférencière, etc., était une femme très intelligente. Comme toutes les femmes actives elle était nerveuse et en souffrait. Comme toutes les malades, Mme Eddye s'adressa à son médecin, et voyant qu'il ne la guérissait pas, malgré le traitement suivi, elle perdit complètement confiance. A cette époque existait, à Boston, l'auteur de plusieurs ouvrages sur les sciences psychiques, qui guérissait les malades par la thérapeutique psychique. Mme Eddye s'adressa à lui et fut guérie. Pleine d'enthousiasme pour cette science qui avait réussi en peu de jours là où l'autre science avait échoué pendant plusieurs mois, Mme Eddye se mit délibérément à l'étude et devint une fervente du psychisme.

Dans ce siècle de travail à outrance, tout le monde est malade, nous sommes tous chroniquement atteints et Mme Eddye, qui s'en rendit compte, chercha à guérir ces innombrables malades par des moyens nouveaux. Comme tous les commençants en médication psychique, elle employa d'abord la méthode Mesmériste, c'est-à-dire la magnétisation. Si ce système est efficace, comme le sont toutes les méthodes psychiques, il est néanmoins vrai qu'il est incomplet puisqu'il n'enseigne pas au malade la nécessité d'un préventif infaillible, la « maîtrise de soi ». Mme Eddye eut donc à passer, comme tous les chercheurs, par un moment d'hésitation et de mécompte. Petit à petit toutefois elle comprit que la tranquillité d'esprit maintient la santé corporelle, et c'est alors qu'elle conçut une idée géniale, elle décréta la non-existence de la matière. « L'esprit, dit-elle, est la seule substance réelle, la matière n'est que la matérialisation de l'esprit ». On sait que ce principe est admis par tous les psychologues sérieux. Partant de là, aux adhérents qui commençaient à se grouper autour d'elle, Mme Eddye tint le raisonnement suivant : « Comment pouvez-vous être malades puisque la matière est une illusion ? Vous souffrez dans le corps, mais ce corps n'est que la manifestation de l'esprit, et l'esprit parfait ne peut pas souffrir. L'esprit est bon, Dieu est bon, tout ce qui est bon et bien est Dieu et Dieu est esprit. Or Dieu est la perfection même, la perfection ne saurait souffrir. Votre esprit est Dieu, donc il est parfait, l'esprit parfait ne saurait souffrir. La douleur manifestée dans l'organisme n'est que l'effet de vos pensées tourmentées, de votre imagination vagabonde. Possédez-vous, et la santé reviendra de ce fait. »

Il a fallu du temps aux adhérents de Mᵐᵉ Eddye pour saisir cette idée abstraite, car ils avaient toujours considéré leur physique comme leur « moi » réel et toutes leurs pensées se portaient vers les besoins de ce corps. Au moindre petit courant d'air, à la moindre indisposition, leur pensée se concentrait sur la partie atteinte et leur mal devenait réellement le mal de leur pensée.

Pour faire admettre par les malades cette haute idée, qui ne se présentait pas d'une manière très claire, Mᵐᵉ Eddye se décida à former un corps de guérisseurs. C'est ainsi que la Science chrétienne se compose aujourd'hui de trois sortes de personnes : les praticiens, les fidèles et les néophytes ou malades. Voici comment se recrutent les adhérents de cette église : une personne est malade, ses médecins ne peuvent la guérir ; découragé, ne sachant que faire pour revenir à la santé, le néophyte s'adresse à un des praticiens de la Science chrétienne. La première ordonnance est celle-ci : jetez vos médicaments par la fenêtre et remerciez votre médecin ; avant cela aucun des nôtres ne saurait rien entreprendre. Le malade congédié donc son médecin et jette les coûteux médicaments. Le praticien de la Science chrétienne, après ce premier coup de balai, vient s'asseoir à côté du malade ; il lui explique la non-existence de la matière, la suprématie de l'esprit sur toutes les manifestations matérielles et demande au patient de placer son esprit dans le plus grand calme, d'avoir foi entière dans la puissance de l'esprit, dans la maîtrise des forces psychiques intérieures, dans leur manifestation extérieure. Le praticien recommande au malade de considérer que Dieu est en lui comme en toutes choses ; il lui démontre qu'il est impossible à l'homme de souffrir puisque son esprit à lui est l'esprit de Dieu, c'est-à-dire la perfection par excellence. Le malade reprend espoir, ses idées de douleur font place à l'idée de foi, le calme renaît, il se sent tranquille, il se sent heureux ; *sa foi l'a sauvé*. Le praticien, pendant ce temps, pense, lui aussi, à la perfection de

l'esprit qu'il perçoit sous l'enveloppe char-
nelle placée devant lui, esprit inconscient de
sa force et de sa puissance, pouvant se manifester librement dans l'amour à seule fin
que la perfection physique devienne égale à
la perfection spirituelle.

Le procédé que nous venons de décrire,
quoique incomplètement, montre, suffisamment pour satisfaire les besoins de la présente étude, la méthode adoptée par les
praticiens de la Science chrétienne. Nous
cherchons, en effet, à voir si la foi possède
une valeur thérapeutique quelconque. Or,
si le malade peut 'placer son esprit dans un
état de tranquillité et de calme instantané, sa
guérison est parfaite et le praticien a bien
soin de lui dire : « Vous êtes guéri; il vous
suffit maintenant de vous rendre compte de
votre état de perfection ». Le malade fait
tous les efforts pour accepter comme véri-
dique cette assertion. Mais s'il continue à se
tourmenter, ses souffrances continuent,
parfois augmentent et quelquefois le malade
retourne à son médecin et à ses médicaments, rarement toutefois, car la Science

chrétienne a à son actif les guérisons les plus merveilleuses, personne ne le nie, et les heureux guéris, condamnés par leur médecin, se libèrent de l'idée qu'il faut des médicaments pour guérir et embrassent la nouvelle religion qui leur a procuré en même temps le bien-être physique et la tranquillité morale.

Examinons maintenant comment cette méthode peut donner des résultats aussi convaincants. Voici par exemple une personne atteinte d'un cancer, d'un rhumatisme, d'une arthrite, d'une maladie de l'estomac, d'une tuberculose pulmonaire, etc., etc. Comment un procédé psychique peut-il atteindre des organes matériels ? Nous répondrons par une autre question : Quelle est l'origine de la maladie ? Il n'est pas un mal physique dont l'origine ne puisse être ramenée à un état nerveux, et ce dernier à un état mental dû à des pensées morbides. On pense d'abord à des choses désagréables, puis au bout de quelques jours l'on se tourmente, car cette méditation sur un sujet désagréable nous permet de concevoir toute espèce de malheurs, et voilà le système nerveux affecté. La mastication des aliments devient de ce fait saccadée et incomplète et, sans que l'on sache pourquoi, une douleur, peu perceptible d'abord mais qui peu à peu s'accentuera, se fait sentir si ce penser morose persiste. Nous sommes tous plus ou moins prédisposés à une certaine maladie, ce qui veut dire qu'un de nos organes est plus faible que les autres ; cette douleur que nous ressentons se fera sentir dans notre partie faible ; c'est pourquoi si les poumons sont moins forts, notre manière de penser développera une affection pulmonaire, etc. En même temps la mastication mal exécutée amènera des troubles de la digestion, l'acide urique envahira notre système, le sang sera vicié et le résultat sera la maladie sous l'une ou l'autre forme connue : affection des reins, ankylose, cancer, etc., nous pouvons nous attendre à tout. Nous avons déjà expliqué dans un chapitre précédent comment la pensée agit sur l'organisme et cause la maladie, il est donc inutile de revenir là-

dessus, mais du moment que nous consi-
dérons la cause du mal comme exclusivement mentale, la valeur thérapeutique de la
foi semble n'avoir besoin d'aucune autre
démonstration, puisque ce n'est pas l'organe qu'il faut guérir, mais bien la pensée
dont la répercussion a occasionné le mal.

Pas de guérison sans la foi.

Pour bien établir la relation intime qui
existe entre la guérison et la tranquillité
d'esprit, il nous faut résoudre ce problème :
Qu'est-ce que la foi? Il ne faut pas confondre foi avec croyance. Si la foi transporte les
montagnes, la croyance ne transporte rien
du tout... ou si peu. C'est la foi qui a construit les temples et donné à l'homme cette
force qui le transforme en invincible héros.
La foi est une conviction inébranlable,
l'abandon irraisonné de tout l'être à une
idée. La foi c'est la conviction qu'une chose
est possible ou réelle, alors même que la
raison la rejette; c'est cet état d'âme qui

attend avec assurance et sans la moindre crainte ni doute l'accomplissement d'une chose promise. Foi individuelle ou foi collective, c'est toujours la même foi ; c'est un état mental spécial qui ne voit que le succès, qui n'envisage que l'idéal et qui attire à soi les plus hauts courants cosmiques de sagesse, de pureté et de santé, grâce auxquels l'homme de foi ne dépend plus de ses forces individuelles à lui, mais se sert de la puissance universelle pour atteindre son but. Si la foi attire à elle les forces vitales provenant directement de la source d'où émane tout ce qui est, si elle est la transformation totale de la pensée humaine, ne peut-elle pas posséder aussi le pouvoir d'annihiler le sentiment de la douleur? Ne peut-elle, par les forces naturelles qui s'accumulent chez celui qui la possède, vaincre le mal que l'on prétend guérir par l'ingestion d'une décoction pharmaceutique? Les courants cosmiques doivent pouvoir dissoudre un peu d'acide urique, remettre dans leur état normal les cellules cancéreuses et fermer une caverne pulmonaire, mais les fonctions naturelles de l'homme suffisent à éliminer tous ces déchets malfaisants et à débarras·ser notre système de toutes ces particules mauvaises. Si donc ils ne sont plus produits, une fois chassés, c'est la santé.

Nous avons, croyons-nous, placé la foi sur son terrain vrai. Elle est, par l'état mental qu'elle développe, l'attractrice par excellence des forces cosmiques. Mais si l'homme peut attirer à lui par son état particulier d'abandon et de confiance, de certitude et d'attente, les courants cosmiques élevés, en proportion de la grandeur de la foi, c'est-à-dire en proportion de l'absence de tout sentiment étranger, tels que crainte, doute, passion, etc., il faut aussi à cet homme l'amour profond, réel, de l'humanité, afin que, après avoir attiré à lui ces forces universelles, il puisse, malgré les poursuites dont il peut être l'objet, malgré les haines particulières d'intérêts lésés qui pourraient s'élever contre lui, instruire ses semblables et projeter vers eux la bonne pensée sur les ailes de ces mêmes courants cosmiques. Il lui faut l'amour altruistique pur, pour procurer à ceux qui souffrent le soulagement qu'ils recherchent et leur donner par une transformation méthodique la rééducation mentale qui les maintiendra dans l'équilibre parfait au double point de vue physique et psychique.

Toutes les méthodes de guérison, qu'elles soient officielles ou non, qu'elles soient administrées par un médecin, un guérisseur, un sorcier ou une bonne femme, ne sont donc qu'un moyen pour éveiller chez le malade un état mental spécial que nous pouvons appeler foi sans craindre le sourire incrédule. Il est tellement vrai que la foi joue un rôle immense même dans l'administration des médicaments, qu'une personne malade sera guérie par un médecin auquel elle a absolument confiance grâce à l'administration d'un médicament qui ne donnera aucun résultat s'il est administré par un confrère dont la personnalité n'inspire pas cette foi dans la possibilité du résultat. C'est la foi qui guérit sous l'influence de l'œil dominateur du zouave Jacob, c'est la foi qui guérit sous l'influence d'un magnétiseur, c'est la foi qui donne la valeur thérapeutique aux remèdes de bonne femme, et c'est la foi, quoi que l'on dise et quoi que l'on prétende, qui donne le succès à la médication officielle. Nous ne voulons pas prétendre que le remède pharmaceutique ne produit pas d'effet, il faudrait être bien peu au courant de ce qui se passe dans le corps humain pour refuser d'admettre l'effet produit par le remède; il serait maladroit de nier que cette excitation temporaire ne puisse rétablir certaines fonctions momentanément suspendues ou mal faites. Mais la guérison d'une maladie devenue chronique ou sur le point de le devenir est due uniquement à la foi inspirée au malade; c'est pourquoi l'imposition des mains, l'irradiation projetée télépathiquement à distance, la prière et la magnétisation provoquent la guérison lorsque le malade possède la foi; il faudra au praticien l'amour altruistique, l'enthousiasme de la conviction, la réserve de santé qui lui permet, par l'extériorisation de sa volonté, d'atteindre la volonté qui se soumet à lui.

Le prêtre Gassner a pu obtenir ainsi des guérisons par l'imposition de son étole. Gasquet, le paysan, par son invocation; le saint, par ses prières; le curé d'Ars, par son amour immense de l'humanité, et les lieux de pèlerinage, par la foi des malades, par l'attraction volitive et la projection conséquente des milliers de pèlerins présents. Nous savons, par la démonstration photographique du docteur Baraduc, que les courants cosmiques existent à Lourdes et que ce sont eux qui pénètrent le malade ayant la foi au moment précis de sa guérison. Il n'entre pas dans le cadre de cette étude de pousser nos recherches plus loin (1).

_____

(1) L'état de foi est tellement considéré comme nécessaire à la guérison que tout le monde, y compris beaucoup de guérisseurs officiels, s'attache à le produire chez le malade Il n'est pas une maman qui n'ait guéri une douleur violente et arrêté les cris de son bébé en lui affirmant qu'il n'avait plus mal. Ce n'est pas là un cas de suggestion créant simplement un état mental; la suggestion si vous voulez, ou plus exactement la foi, a guéri un mal physique. Ce que font les mamans, l'entourage des malades, même majeurs, ne le fait-il pas aussi? Et le malade n'exige-t-il pas souvent les soins de telle personne en qui il a foi? Le médecin ne dit-il pas souvent au malade: « Je ne peux rien faire, vous ne voulez pas guérir ». Et combien de guérisons sont-elles dues à la foi que le malade éprouve dans la bonté du remède ou dans la valeur du docteur?

Il nous suffit d'avoir sinon établi définitivement une théorie consolante pour l'humanité, du moins d'avoir posé les bases de cette théorie et appelé l'expérimentation sur une méthode qui, pratiquement, donne ces résultats merveilleux. Nous croyons avoir démontré que les forces cosmiques agissent sur l'homme, que l'homme peut les attirer, en bénéficier et même les projeter sur ses semblables mis en état de communion avec lui. Une hypothèse de ce genre, tout le monde l'accepte lorsqu'il s'agit de projection à distance par la télégraphie sans fil. Pourquoi la pensée humaine qui est, comme l'électricité, une forme des courants cosmiques, ne jouirait-elle pas de propriétés identiques?

Nous croyons avoir établi que l'homme qui sait se mettre en harmonie avec les forces cosmiques, vibrera d'accord avec elles, de même qu'un violon accordé avec un autre violon, donnera à distance, la note même, tirée de celui-ci par l'archet de l'expérimentateur.

Nous croyons avoir établi que la pensée

est toute puissante, que la culture de la volonté est possible et que, par la volonté, on arrive à de surprenants résultats.

Notre tâche est remplie : à nos lecteurs maintenant d'expérimenter par eux-mêmes pour arriver à partager notre conviction.

G. A. MANN

ÉDITEUR -- IMPR

www.ingramcontent.com/pod-product-compliance
Lightning Source LLC
Chambersburg PA
CBHW070808270326
41927CB00010B/2344